Diplôme d'études en langue française

国際標準規格「CEFR（セファール）」準拠資格試験

DELF

傾向と対策

A2

SURUGADAI-SHUPPANSHA

○ **音声について** （収録時間：約 125 分）○

本書内、音声マーク が付いている箇所は音声が収録されています．

　模擬試験，聴解問題の音声は，実際の試験同様インターバルも挿入しています．連続して再生することで，実際の試験の流れとほぼ同様に練習することが可能です．

　下記 URL を入力するか，QR コードより「音声無料ダウンロード＆ストリーミング専用サイト」をご利用ください．弊社 HP から『DELF 傾向と対策　A2』を検索し，「音声無料ダウンロード＆ストリーミング専用サイトはこちら」からも同ページにアクセスできます．

https://stream.e-surugadai.com/books/isbn978-4-411-00565-6/

有料で，別途 CD にしたものもご用意しています．
お近くの書店でご注文ください．

DELF 傾向と対策　A2（別売 CD：2 枚組）
定価（1600 円＋税）
978-4-411-10565-3

※音声無料ダウンロード・ストリーミングサービスは予告なく中止する場合が
　あります．ご了承ください．

はじめに

　本書は，フランス語の能力試験 DELF (Diplôme d'études en langue française) の模擬試験（A2 レベル）とその解説です．DELF はフランス国民教育省が認定した唯一の公式フランス語資格で，DALF (Diplôme approfondi de langue française) と一緒に DELF/DALF（デルフ・ダルフ）と呼ばれることが多いです．DELF は A1, A2, B1, B2，DALF は C1, C2 と合計 6 段階で，A1 が最も易しいレベルです．日本では，日本フランス語試験管理センターによって実施されています．

　日本におけるフランス語の試験といえば，フランス語検定試験（仏検）が有名ですが，TOEIC と英検の出題形式・内容が異なるように，DELF と仏検の設問の仕方，試験の内容も異なります．この本を手に取り，DELF 対策をしようと思った人は，おそらく仏検もすでに受験したことがあるのではないでしょうか．

　筆者は大学院生時代に，DELF・DALF の全てのレベルと仏検 1 級を取得しました．また，仏検対策の書籍を何冊か執筆してきました．このような経験から，本書では，仏検と比較しながら DELF 対策法を考えるという方針を採っています．例えば，DELF では「前置詞と冠詞の縮約」，「動詞の活用だけを書かせる」，「慣用句の穴埋め」といったタイプの問題は出題されません．仏検との違いを分析することにより，どの出題形式を重点的に練習すれば良いかが分かりますし，仏検の出題形式を例に出すことによって，初めて DELF を受験する人にも出題形式が想像しやすくなると思います．「基本的な違い」については後述します．

DELF 受験の最も大きなメリットは，やはりフランス語圏での認知度が高いことでしょう．仏検の出願者数ですが，近年は年間約3万人です．一方，DELF/DALF の出願者数は世界で50万人近くになります（2018年）．また，DALF の C1 レベルを取得していれば，フランスの大学など高等教育機関へ留学する際にフランス語の試験が免除されます．

　もちろん，日本では，仏検の方が圧倒的に受験者が多いのは事実です．ただ，大学受験という文脈でセファール (CEFR) が新聞紙上で語られる時代です．セファールに対応した DELF/DALF の受験者がこれから増えてくるのではないでしょうか．

　ところで，現在 DELF/DALF はテスト形式の刷新中で，現行形式と新形式が併存している状況にあるようです．全面的な新形式への移行はコロナ禍でやや遅れている模様です．本書では，読解の一部を除き，全て新形式で作成してあります．

　この本が，これからもフランス語学習を楽しんで続けられる一助になれば幸いです．

小幡谷 友二

目　次

■ 本書の特徴 ■

○ 大問ごとの傾向を分析

DELF A2 のそれぞれ 4 つのパートごとに，出題の傾向を分析しました.

○ 5 回分の模擬試験

実際の出題に近い形式で，DELF A2 の 5 回分の模擬試験と，解答・解説を掲載.

○ 難易度マーク：「やや難」

模擬試験には，あえて実際の問題よりも難しい問題も含めてあります. その場合は， やや難 のマークが付けてあります.

○ 各パート（聴解，読解，作文，面接）ごとに必要な文法事項リスト

DELF/DALF では，仏検と違い，文法事項そのものを問う形式の問題はほぼ無いと言っていいでしょう. しかし，大学や市販のフランス語学習教材で，文法事項から学習するのに慣れていると思います. 大まかにどのような文法事項が必要なのかを示すリストと，基本的な文法事項（巻末）を付してあります.

試験日程

日本フランス語試験管理センターは，DELF・DALF を年に 2 回，基本的に春（6 月）と秋（11 月）に実施しています. 詳しくは日本フランス語試験管理センターの試験日程のページ（http://www.delfdalf.jp/calendrier_jp.php）をご覧ください.

● **日本の試験実施会場**
アンスティテュ・フランセ［東京・横浜・関西（京都・大阪）・九州（福岡・沖縄）］，
アリアンス・フランセーズ［札幌・仙台・愛知・徳島］

● **問い合わせ先**
日本フランス語試験管理センターの出願のページ（http://www.delfdalf.jp/modalites_jp.php）をご覧ください.

○ DELF・DALF の仏検との違い

DELF と仏検は出題傾向がかなり違います．とはいえ，同じフランス語の試験ですから，仏検対策に注いだ努力は必ず役に立ちます．

仏検		DELF		
級	学習時間数目安	およその対応レベル CEFR (セファール)	学習時間数目安 (日本仏語試験管理センター)	日仏学院の能力達成度の記述
準2級	300 時間	A2	150-200 時間	自分に直接かかわりのある分野（自分や家族の情報，買い物，身近な環境，仕事など）でよく使われる文や表現を理解できる．身近で日常的な話題に関して，相手と直接情報交換しながら，単純で日常的なやりとりができる．自分の学歴，身の回りの状況，さしあたって必要な事柄を簡単な言葉で説明できる．
3級	200 時間	A1	60-100 時間	最低限必要なことを行うための，よく使われる日常的表現やごく簡単な言い回しを理解し，用いることができる．自分や他人を紹介することができ，個人的な質問（住んでいる場所，知り合い，持ち物など）について質問をしたり，答えたりできる．相手がゆっくり，はっきり話してくれ，協力的であれば，簡単なやりとりができる．
4級		—		
5級		—		

まず，基本情報の違いから見て行きましょう．

DELF A1, A2 と仏検の対応関係はおおよそ上に掲げた図のようになっています．配点などの細かい情報は後述します．右側の欄には，東京の日仏学院による DELF A1, A2 の能力達成度の説明です．

(1) DELF A2 は仏検準2級レベル

学習時間数の目安について，日本フランス語試験管理センターが掲げる数字の方が少ないのは，言語や文化の似たヨーロッパの学習者を念頭においた数字だからです．つまり，ヨーロッパ規準なので，ヨーロッパのその他の言語を話せる人にとっては，例えば動詞が活用することや，冠詞に男女・複数の別があることなどは，最初から説明する必要がないわけです．

これに対し，仏検は「日本人の学習進度に沿った能力評価段階」の採用を方針としているので，4級・5級といった「超」初級があったり*，学習時間の目安が多かったりするわけです．

---

* Le DILF (diplôme initial de langue française) という DELF よりも易しいレベルの試験が，フランス国内限定で実施されています．

○ DELF A2（聴解）と仏検準2級（書き取り・聞き取り試験）の対応関係

	DELF・A2	仏検 準2級
配点	25 点（/100 点） 各試験に必要な最低得点：25 点中 5 点	30 点（/100 点）
試験時間	約 25 分	約 25 分
大問数	4	3

問	出題形式	読まれる文章の語数	読まれる回数	問	出題形式	読まれる文章の語数	読まれる回数
1	素材：[公共の場におけるアナウンス] 電車，バス，空港，デパートなど 全部で 2 回：**区切っては読まれない**　<!-- ! DELF はノーマルスピードだけで区切って読まれない -->　 手元にスクリプトなし 6 問（3 択）　<!-- ! DELF は書き取りがなく，全て選択式 -->	約 30 語の文 × 6	2	[1] 書き取り	3 行ぐらいのテキスト 全部で 4 回：3 回目はポーズを置いて読む 手元にスクリプトなし 全文書き取り	約 35 ～ 40 語	4
2	素材：ラジオ番組，ニュースフラッシュ，天気予報，広告など 全部で 2 回：**区切っては読まれない** **手元にスクリプトなし**　<!-- ! DELF は，視覚的なヒントとなる会話文がない --> 6 問（3 択）	約 40 語の文 × 3	2	[2] 会話文聞き取り	会話文についての質問文の穴埋め 全部で 3 回（質問文は 2 回） 手元に会話文あり（空欄を埋めていく） 6 文章（1 文章につき 1 ～ 2 語）	約 100 語	3 (2)
3	私生活または職業生活における留守録メッセージ 全部で 2 回：**区切っては読まれない** 手元にスクリプトなし 6 問（3 択）	約 80 語	2	[3] 長文聞き取り・内容一致	長文テキスト 長文テキストの内容について述べた 10 の文章が読まれ，内容との一致／不一致を答える 全部で 3 回（10 の文章は 2 回） 10 文章の一致／不一致	約 130 語	3 (2)
4	日常的なテーマについてのやり取り，議論 対話とシチュエーションを結びつける 全部で 2 回：**区切っては読まれない**	約 40 語の文 × 4	2				

(2) 2005 年から国際標準規格「CEFR（セファール）」に準拠した 6 等級（A1-C2）へ

p.8 の表にある CEFR（セファール）というのは，「ヨーロッパ共通参照枠組み」（Common European Framework of Reference for Languages, CEFR）という言語レベルを測る国際規準です．DELF/DALF 自体は 1985 年から実施されていますが，2005 年からセファールに準拠する形でモデルチェンジしました．セファールという言葉は聞き慣れないかもしれませんが，最近では，大学入学共通テストで導入された英語試験にまつわる議論でも使われていました．

元々ヨーロッパ発祥の国際規準ですが，例えば中国語の検定試験 HSK や韓国語の TOPIK なども，試験のセファールから影響を受ける形でモデルチェンジしています．

(3) 「豊富な語彙力と高度な文法知識」の仏検 VS「コミュニカティブ・アプローチ重視」の DELF/DALF

それでは，セファールに準拠する検定試験の特色とはどこにあるのでしょうか．

ここで，受験者の立場から DELF/DALF と仏検の出題傾向の違いについて考えてみる必要があるでしょう．

例えば DELF/DALF には「穴埋め問題がない」「並べ替え問題がない」「動詞の活用問題がない」「ディクテ（書き取り）がない」と指摘できます．反対に DELF/DALF にしかないものは「（面接官との）ロールプレイング」といったところでしょうか．

確かに，DELF/DALF と仏検の比較を扱った論文には，DELF/DALF は「コミュニカティブ・アプローチ重視」の試験とされ，「一定のタスクを与え問題解決的な言語遂行能力を測定するシステム」と評されています．また，同じ論文中，仏検は「豊富な語彙力と高度な文法知識」が測定され，「総合的な読解力」が問われる試験とされています．

このように両試験のアプローチがかなり違うので，全てのパートについての単純な比較はできませんでしたが，聴解のパートだけは詳細に比較してみましたのでご覧ください（p.9）．

＊CEFR 自体は 2018 年に，CEFR/CV（補遺版）という形で，大幅な見直しと拡充がなされています．

端的に言って，DELF/DALF は仏検に比べて，能動性が求められる問題が多い，と言えるのではないでしょうか．例えば，仏検のディクテ (Dictée) は，どちらかと言えば受動的ですね．（ディクテが受動的だから悪いと言いたいのではありません．フランスの学校教育の王道とも言える手法です．ディクテは「豊富な語彙力と高度な文法知識」が要求されます．）

確かに，両方の試験を最後まで受験してみて，仏検 1 級のためには，実に多くの言葉を覚えなくてはならず，苦労した記憶があります．

□ 効果的な勉強法は？

それでは，DELF A2 の効果的な勉強法はあるのでしょうか．おそらく本書を手に取ってくださった方は，日本在住で日本で受験希望される方だと思います．やはり，第 3 パート「作文」，第 4 パート「面接」に重点を置いて勉強するべきだと思います．第 1 の「聴解」パートは仏検の聴解・ディクテの勉強法でカバーできると思います．

また，仏検同様，**(1) 過去問**や **(2) 模擬試験** (épreuve blanche) を数多くこなすことが合格への早道だと思います．(1) 過去問については，DELF/DALF 事務局のサイトから数回分ダウンロードできます．(2) 模擬試験については，フランス語でDidier 社，CLE International 社が出版している対策本の巻末に模擬試験がいくつか付されていますから，機会があればぜひ参照してください．

本書では，オリジナルの模擬試験を 5 回分掲載しています．exercice（大問）の数は約 80 問あります．

その他，DELF A2 対策に役に立ちそうな勉強法・耳寄りな情報などは，「コラム」という形で本書の様々なところに付しておきました．ご活用ください．

【参考文献】

　DELF と仏検との比較の部分では，主に，*Le DELF 100% réussite A1, Les Éditions Didier* と David Clément-Rodriguez, *ABC DELF A1,* CLE international を参考にさせていただきました.

　また，富盛伸夫『フランス語能力検定試験（DELF/DALF, TCF, DAPF）と日本におけるフランス語教育』，科学研究費補助金 基盤研究 B 研究プロジェクト報告書「EU および日本の高等教育における外国語教育政策と言語能力評価システムの総合的研究」，2012 年 からは，重要な引用をさせていただきました．心より感謝いたします.

【役に立つウェブサイト】

・日本フランス語試験管理センター　http://www.delfdalf.jp/

・仏検事務局のサイト　http://apefdapf.org/dapf/info/examens#6

・日仏文化協会のサイト　http://www.ccfj.com/study/niveau/

DELF/DALF と仏検の難易度比較

　DALF の最上級（C2）と仏検 1 級はどちらが難しいのでしょうか？ 私はまず仏検 1 級を取得した後でフランスの大学院留学時に DALF の最上級に合格しました．そのため，DALF の方がやや難しいという印象を持っています.

　前述したように，DELF/DALF は「コミュニカティブ・アプローチ重視」+「一定のタスクを与え問題解決的な言語遂行能力を測定する」試験，仏検は「豊富な語彙力と高度な文法知識」+「総合的な読解力」が問われる試験と言えます．どちらの試験が難しいかは，どの能力を重視するかによって違ってくるのでしょう.

DELF A2

○ DELF A2 とは？
DELF A2 は仏検準 2 級レベル

　仏検と DELF の比較については 8 ページの表を参照してください．学習時間数の目安について，日本フランス語試験管理センターが掲げる数字の方が少ないのは，言語や文化の似たヨーロッパの学習者を念頭においた数字だからです（仏検準 2 級 = 300 時間／ A2 = 150 〜 200 時間）．

DELF A2 の試験内容

問	出題形式	試験時間	得点
1	**聴解：** 録音された日常的な事柄に関する 3, 4 つの短いテキストを聴き，設問に答える（聞き取り回数：2 回）． 聞き取り時間：各テキスト最長 5 分	25 分	25 点満点
2	**読解：** 日常的な事柄に関する 4, 5 つのテキストを読み，設問に答える．	30 分	25 点満点
3	**文書作成：** 友人への手紙やメッセージといった短い文書を作成する． ・個人的な出来事や体験を記述 ・招待状，お礼状，お詫びや依頼，案内やお祝いの手紙などの作成	45 分	25 点満点
4	**口頭表現：** 試験は次の 3 要素から構成される： ・試験官の質問に答える ・試験官の前で語る ・試験官との対話	準備：10 分 面接：6-8 分	25 点満点

筆記試験時間合計：1 時間 40 分
* 100 点満点
* 合格最低点：100 点中 50 点
* 各試験に必要な最低得点：25 点中 5 点

	資料の種類
EXERCICE 1 [6 points] ・アナウンスを理解する	公共の場におけるアナウンスや指示（電車，バス，空港，デパートなど） 〔6文書：1問ずつ（3択）〕
EXERCICE 2 [6 points] ・ラジオ放送を理解する	ラジオ番組，ニュースフラッシュ，天気予報，広告 〔3文書：2問ずつ（3択）〕
EXERCICE 3 [6 points] ・音声メッセージを理解する	私生活または職業生活におけるメッセージ
EXERCICE 4 [7 points] ・母語話者同士のやり取りを理解する	日常的なテーマについてのやり取り，議論

　本書では，DELF/DALF 公式サイトの新形式のデモ版をベースに模擬試験を作成してあります．国によっては旧形式の問題を使用するケースもまだあります（2023年3月時点）．

○ 2020年以降，DELF・DALF の試験形式に若干の変更があります．よりシンプルで信頼性の高い試験を目指し，部分的な改変が行われています．そのため2020年から約3年間の移行期には，「新形式」の試験がこれまでの試験と共存することになります．つまり，移行期には，「旧形式」で実施される場合もあります．

○ 試験の難易度は変わりませんし，大幅な改変ではありませんから，試験対策の変更は必要ありません．

　・重要な変更点

1. A2 の「聞き取り」と「読解」における記述式の回答がなくなります．→ すべて選択式へ．

2. A2 の一部で，Exercice の数が増えます（その代わりに Exercice は短くなります）．

○ 「新形式」の試験例は，インターネット上で公開されています．

　【ダウンロードサイト】https://www.delfdalf.ch/niveaux/exemples-dexamens

聴解（リスニング）の試験には 4 つの Exercice があります.

［設問の流れ］

Exercice 1 〜 3 は次のような設問形式です.

まず，次のアナウンスが流れます.

> Ministère de l'éducation nationale, Centre international d'études pédagogiques. DELF niveau A2 du Cadre européen commun de référence pour les langues, épreuve orale collective.
>
> 国民教育省，国際教育研究センター.「ヨーロッパ共通参照枠組み」の A2 レベル・DELF, 口頭試験〔共通〕

次に，

> Vous allez écouter plusieurs documents. Il y a 2 écoutes. Avant chaque écoute, vous entendez le son suivant. Dans les exercices 1, 2 et 3, pour répondre aux questions, cochez ☒ la bonne réponse.
>
> いくつかのリスニングを聞いてください. それぞれ 2 回ずつ読まれます. それぞれのリスニングの直前に，効果音（「タラララン」）が流れます. Exercice 1, 2, 3 では，正しい答えに ☒ をつけてください.

というアナウンスがあります.

その後の Exercice 1 と Exercice 2 の流れは以下のようになっています.

Exercice 1

Vous écoutez des annonces publiques.

公共の場におけるアナウンスを聞いてください.

[Document 1] (資料 1)

Lisez la question. Écoutez le document puis répondez.

設問を読んでください. リスニングを聞いてから答えてください.

… ［15 秒］

… ［効果音・タラララン］

① （1 回目）

（例）S'il vous plaît, il y a encore de la place à l'arrière du bus. Est-ce que vous

pouvez vous déplacer un peu ? Il y a des passagers qui veulent monter.
Merci.

… ［10 秒］

… ［効果音・タラララン］

② （2 回目）

… ［10 秒］

[Document 2] （資料 2）

Lisez la question. Écoutez le document puis répondez.

（…）

このように，2 回繰り返されるリスニングの前に 15 秒, 間に 10 秒, 後ろに 10 秒と，1 問につき合計 35 秒問題を解く時間が与えられています.

ちなみに, Exercice 1 は 1 つの document につき 1 つの問題（3 択）, Exercice 2 は 1 つの document につき 2 つの問題となっています.

次は Exercice 3 の流れです.

Exercice 3

Vous travaillez dans une pâtisserie. Vous écoutez ce message sur un répondeur téléphonique. Lisez les questions. Écoutez le document puis répondez.

あなたはパティスリーで働いています. 留守録に残されたこのメッセージを聞きます. 設問を読んでください. それから文書の音声を聞き，答えてください.

… ［30 秒］

… ［効果音・タラララン］

① （1 回目）

（例） Bonjour, ici Mme Fortin. Je vous appelle parce que pour les 10 ans de ma fille, j'invite tous ses cousins. Il me faut deux gâteaux aux fruits pour 8 personnes. Nous aimons tous les fruits. Ne mettez pas de chocolat s'il vous plaît. Pouvez-vous ajouter des fleurs en sucre sur les gâteaux ? Ma fille va adorer. Appelez-moi pour me dire si c'est d'accord et combien ça va coûter. Mon mari va passer à la pâtisserie vers 19 h. Merci !

… ［30 秒］
　　　… ［効果音・タラララン］

② （2 回目）

　　　… ［30 秒］

　このように，2 回繰り返されるリスニングの前に 30 秒，間に 30 秒，後ろに 30 秒と計 <u>1 分 30 秒</u>が与えられています.

　最後に，Exercice 4 の流れは次のようになります.

Exercice 4

　Vous écoutez 4 dialogues. Cochez pour associer chaque dialogue à la situation correspondante.

　Attention : il y a 6 situations mais seulement 4 dialogues.

　Lisez les situations. Écoutez les dialogues puis répondez.

　　4 つの対話が流れます. それぞれの対話に対応するシチュエーションに ☒ を記入してください.
　　《注意》シチュエーションは 6 つですが，対話は 4 つしかありません.
　　シチュエーションを読んでください. 対話を聞いて，答えてください.

　　　… ［30 秒］
　　　… ［効果音・タラララン］

[Dialogue 1, 2, 3 et 4] （1 回目：4 つの対話文が連続して流れます.）

　　　… ［30 秒］
　　　… ［効果音・タラララン］

[Dialogue 1, 2, 3 et 4] （2 回目：4 つの対話文が連続して流れます.）

　　　… ［30 秒］

　L'épreuve de compréhension de l'oral est terminée. Passez maintenant à l'épreuve de compréhension des écrits.

　　これで聴解力テストは終了です. 次は読解力テストです.

　このように，2 回繰り返されるリスニングの前に 30 秒，間に 30 秒，後ろに 30 秒と計 <u>1 分 30 秒</u>が与えられています.

下記は例題の回答欄です．なお，配点は 0,5 点〜 2,5 点と幅があるようです．

	A. Inviter quelqu'un	B. Remercier quelqu'un	C. Demander un service	D. Accepter des excuses	E. S'informer sur les transports	F. Se renseigner sur des horaires
Dialogue 1 2 points	☐	☐	☐	☐	☐	☐
Dialogue 2 0,5 point	☐	☐	☐	☐	☐	☐
Dialogue 3 2,5 points	☐	☐	☐	☐	☐	☐
Dialogue 4 2 points	☐	☐	☐	☐	☐	☐

[設問のパターン]

Exercice 1 は公共の場におけるアナウンスや指示です．駅やデパートでのアナウンスは頻出です．A1 に引き続き，数字の聞き取りの準備もしておきましょう．

Exercice 2 の主な音源はラジオです．天気予報や，道路情報などが予想されます．

Exercice 3 の私生活または職業生活におけるメッセージというのは，例えば留守録に残っているメッセージを聞き，その内容について答える，というものです．この形式でも数字の聞き取りの出題が予想されます．

Exercice 4 は，いくつかの対話を聞いて，それらの対話のシチュエーションを示す最適な表現を選ぶという形式です．

[補足資料：旧形式と新形式の対照表]

Compréhension de l'oral

		Exercice 1		Exercice 2		Exercice 3		Exercice 4	
2021	新 demo	6 doc.	6 Q	3 doc.	6 Q	1 doc.	6 Q	4 doc.	6 Q
	旧 demo 1	1 doc.	5 Q	1 doc.	6 Q	1 doc.	6 Q	4 doc.	4 Q
	旧 demo 2	1 doc.	3 Q	1 doc.	4 Q	6 doc.	Vrai / Faux / ?		
	旧 demo 3	1 doc.	4 Q	1 doc.	3 Q	6 doc.	Vrai / Faux / ?		
	旧 demo 4	1 doc.	3 Q	1 doc.	5 Q	6 doc.	Vrai / Faux / ?		

＊ doc. = document（文書）　Q = questions（設問）
Vrai / Faux / ? = Vrai（正）/ Faux（誤）/ On ne sait pas.（分からない）

手元の設問をよく読んで，どのタイプの設問なのか見極めてください．

【ポイント ①】

    a. ⊠

    b. ☐

    c. ⊗ ←最終的な解答

ペン字で書いていて，いったんチェックを入れた（⊠）後で，答えを変更したい場合，最終的な答えにもチェックを入れた上で丸で囲んでください．

【ポイント ②】

新形式では全て選択式となり，単語や文章を記入する問題はありません．

×か／○か

日本の学校では，正解の場合は○，不正解は×と教えられています．しかし，フランスを含めた西欧の試験で正解を選ぶ場合，×（⊠）あるいは✓印（☑）を記入します．

ボールペンか／鉛筆か

日本では大学入試も含めて鉛筆を使います．消しゴムで修正できる筆記用具ですね．一方，フランスでは消しゴムで消せない筆記用具を使います．万年筆やボールペンです．この筆記用具の違いにも慣れておく必要があります．

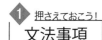

1 押さえておこう！
文法事項 　巻末「基本的な文法事項」（p.229 〜）参照

☐ 1　名詞と形容詞の男女の一致

☐ 2　名詞と形容詞の単複の一致

☐ 8　直説法現在：状態，描写

☐ 8b　être en train de ＋不定詞「〜している最中だ」

☐ 11　基本の疑問代名詞：qui（誰？），que（何？）

☐ 12　疑問形容詞

☐ 14c　よく使われる不規則動詞：venir, aller, savoir, voir, prendre

☐ 14d　Il faut / il ne faut pas ＋不定形

☐ 15　所有形容詞と所有代名詞

☐ 17　近未来：aller ＋不定詞「（今から）〜するところだ」時間的に近い出来事／ある程度遠い未来

☐ 17b　近過去：venir de ＋不定詞「〜したところだ」

- ☐ 18b 代名動詞
- ☐ 19 直接目的補語 COD と間接目的補語 COI（間接（他）動詞）
  （ex : parler / téléphoner / demander … à 人）
- ☐ 20 指示代名詞
- ☐ 21 動詞＋不定形
- ☐ 22b 肯定命令と否定命令：指示，指令
- ☐ 23b シンプルな論理をつなぐ言葉 mais / parce que
- ☐ 27 時間の位置づけ：重要な副詞（aujourd'hui, maintenant, demain …）（出来事を時間の中で位置づける）
- ☐ 28 空間の位置づけ：en / au ＋ pays ; à ＋ ville
- ☐ 31 複合過去形（過去分詞）：過去における出来事
- ☐ 31b 過去分詞
- ☐ 33 シンプルな関係代名詞（qui, que）
- ☐ 34 単純未来：予測，将来の計画
- ☐ 35 半過去形：過去における描写（il était / il y avait / il faisait …）
- ☐ 36 中性代名詞 en（部分を示す）– 量
- ☐ 36b 中性代名詞 y – 場所

2 押さえておこう！
語 彙

Les lieux		
café *m.*		カフェ
restaurant *m.*		レストラン
commerces *m. pl.*		商店
banque *f.*		銀行
bureau de poste *m.*		郵便局
hôtel *m.*		ホテル
rue *f.*		通り（…）

- ☐ L'alphabet　アルファベット
- ☐ La famille　家族
- ☐ Les lieux　場所
- ☐ Les loisirs　余暇の娯楽：
  le sport　スポーツ, les sorties　外出,
  les spectacles　（演劇，映画などの）見世物, les voyages　旅行
- ☐ Les moyens de transport　交通手段：
  le métro　地下鉄, le bus　バス, le train　電車, le taxi　タクシー
- ☐ La vie quotidienne　日常生活：
  le travail　仕事, les achats　買い物, les activités quotidiennes　日常的な活動
- ☐ Le logement　住居：
  les pièces de la maison　家の部屋, la décoration　装飾
- ☐ Les objets du quotidien　日用品

☐ Les aliments　食物：

les repas　食事，la cuisine　料理

☐ Les animaux familiers　身近な動物

☐ Les pays　国，les villes　都市

☐ L'itinéraire　道筋，la météo　天気予報

☐ Les actions de la vie quotidienne　日常生活の行為

☐ Les événements　出来事：

les accidents (informations TV)　事故（TV ニュース）

Les nombres

1 un	2 deux	3 trois	4 quatre　5 cinq
6 six	7 sept	8 huit	9 neuf　10 dix
11 onze	12 douze		13 treize
14 quatorze	15 quinze		16 seize
17 dix-sept	18 dix-huit		19 dix-neuf
20 vingt (…)			

Le temps / Le climat

Il fait beau.	天気が良い
Il fait mauvais.	天気が悪い
Le temps est nuageux.	曇りだ
(Le ciel est couvert.)	
Il pleut.	雨が降っている
Il neige.	雪が降っている
Il fait chaud.	暑い
Il fait froid.	寒い (…)

配点：25 points　　時間：約 30 分

	資料の種類
EXERCICE 1 [6 points] ・単純な指示を理解する	手紙，ポスター，メニュー，広告，パンフレット，三行広告，時刻表，チラシ，標識など
EXERCICE 2 [6 points] ・空間情報を読み取る	手紙，e-mail，絵葉書など
EXERCICE 3 [6 points] ・時間情報を読み取る	指示，規約，使用説明書，レシピなど
EXERCICE 4 [7 points] ・正しく情報を読み取る	広告，ポスター，新聞記事，パンフレット，テレビ番組表，映画，演劇，旅行ガイドなど

▶ 概　要

　読解の試験には 4 つの Exercice があります．

[設問のパターン]

　Exercice 1 では，以前は標識の意味を答えさせる問題なども出題されました（本書模擬試験 [3] はこのタイプです）．新形式では，6 つの項目の中から適切なシチュエーションを選ぶ形式で出題されるようです．

　Exercice 2 の主な素材は e-mail や手紙です．

　Exercice 3 の主な素材はインターネット上の情報です．新しい形式では，1 つのシチュエーション（例：「あなたはパン屋で働いています．」）が設定され，その設定に関連する三つの異なる文書の読解が求められます（例：「（パン屋で）清潔さを保つための規則」，「仕事の手順を伝える手書きのメッセージ」，「アイスクリーム製造機の使用説明書」）．6 行程度の三文書に対し，それぞれ二つの問題が出題されます．

　旧形式では比較的長い一文書に対して，問題が五つぐらい出題されていますが，新形式ではこのように細分化され，全て選択問題となるようです．実生活，特に職場では，タイプの異なる文書の読解が必要になるので，なるべく実生活で運用できるフランス語力を測るための形式変更だと考えられます．

　Exercice 4 の主な素材はインターネット上の記事です．

［補足資料：旧形式と新形式の対照表］

Compréhension des écrits

		Exercice 1		Exercice 2		Exercice 3		Exercice 4	
2021	新 demo	6 doc.	8 Q	1 doc.	6 Q	3 doc.	6 Q	1 doc.	6 Q
	旧 demo 1	5 doc.	5 Q	1 doc.	5 Q	1 doc.	5 Q	6 doc.	2 = V.F.J.
	旧 demo 2	5 doc.	5 Q	6 doc.	6 Q	7 doc.	5 = V.F.J.	4 doc.	1 = V.F.J.
	旧 demo 3	5 doc.	Vrai / Faux / ?	6 doc.	6 Q	8 doc.	5 = V.F.J.	4 doc.	1 = V.F.J.
	旧 demo 4	5 doc.	6 Q	6 doc.	6 Q	4 doc.	3 = V.F.J.	1 doc.	4 Q

＊doc. = document（文書）　Q = questions（設問）
Vrai / Faux / ? = Vrai（正）/ Faux（誤）/ On ne sait pas.（分からない）
J. = Justification（解答理由）

旧形式でよくみられる［Vrai. Faux. + Justification］パターンの例（過去問題から抜粋）

> Vrai ou faux ? Cochez ☒ la case correspondante et recopiez la phrase ou la partie de texte qui justifie votre réponse.
>
> 　該当するボックスにチェックを入れ，答えを示す文章または文章の一部を転記してください.
>
> — Les Français ne s'intéressent pas trop aux films choisis au festival de Cannes.
>
> 　フランス人はカンヌ映画祭で選ばれた作品にはあまり興味がありません.
>
> ☐ Vrai　　　　　　☐ Faux
>
> Justification : _____

注意点

設問をよく読んで，どのタイプの設問なのか見極めてください.

［ポイント ①］
　a. ☒
　b. ☐
　c. ⊗　←最終的な解答

ペン字で書いていて，いったんチェックを入れた（☒）後で，答えを変更したい場合，最終的な答えにもチェックを入れた上で丸で囲んでください.
基本的に3択ですが，正誤問題も出る可能性があります.

　☐ Vrai（正）　　☐ Faux（誤）

［ポイント ②］

新形式では全て選択式となり，単語や文章を記入する問題はなくなります．

1 押さえておこう！

文法事項　巻末「基本的な文法事項」(p.229 ～)参照

- □ 1　名詞と形容詞の男女の一致
- □ 2　名詞と形容詞の単複の一致
- □ 8　直説法現在：状態，描写
- □ 11　基本の疑問代名詞：qui（誰？），que（何？）
- □ 12　疑問形容詞
- □ 14　よく使われる不規則動詞：être, avoir, faire
- □ 14c　よく使われる不規則動詞：venir, aller, savoir, voir, prendre
- □ 14d　Il faut / il ne faut pas ＋不定形
- □ 18b　代名動詞
- □ 19　直接目的補語 COD と間接目的補語 COI（間接（他）動詞）
  （ex：parler / téléphoner / demander … à 人）
- □ 21　動詞＋不定形
- □ 22b　肯定命令と否定命令：指示，指令
- □ 23b　シンプルな論理をつなぐ言葉 mais / parce que
- □ 27　時間の位置づけ：重要な副詞（aujourd'hui, maintenant, demain …）（出来事を時間の中で位置づける）
- □ 28　空間の位置づけ：en / au ＋ pays；à ＋ ville
- □ 31　複合過去形（過去分詞）：過去における出来事
- □ 32b　条件法現在：丁寧な表現，提案（on pourrait ＋不定形）
- □ 34　単純未来：予測，将来の計画
- □ 35　半過去形：過去における描写（il était / il y avait / il faisait …）
- □ 36　中性代名詞 en（部分を示す）– 量
- □ 36b　中性代名詞 y – 場所

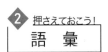

② 押さえておこう!

語　彙

- ☐ Les lieux　場所　*cf.* A2 Partie1
- ☐ Les loisirs　余暇の娯楽
- ☐ Les moyens de transport　交通手段：
  le métro　地下鉄, le bus　バス,
  le train　電車, le taxi　タクシー
- ☐ La vie quotidienne　日常生活：
  le travail　仕事, les achats　買い物,
  les activités quotidiennes　日常的な活動
- ☐ Les objets du quotidien　日用品
- ☐ Les actions de la vie quotidienne
  日常生活の行為
- ☐ Les aliments　食品, les repas　食事,
  la cuisine　料理

Les loisirs

sport *m.*		スポーツ
musique *f.*		音楽
télévision (télé) *f.*		テレビ
Internet ［無冠詞］		インターネット
concert *m.*		コンサート
sorties *f. pl.*		外出
promenade *f.*		散歩
balade *f.*		散歩
spectacles *m. pl.*		(演劇, 映画などの)
		見世物
théâtre *m.*		演劇
cinéma *m.*		映画, 映画館
film *m.*		映画
musée *m.*		美術館, 博物館
exposition *f.*		展示会, 展覧会
voyage *m.*		旅行　(…)

Les objets du quotidien

住まい：

table *f.*	テーブル	chaise *f.*		椅子
fauteuil *m.*	ひじ掛け椅子	réfrigérateur *m.*		冷蔵庫
clé, clef *f.*	鍵	télévision (télé) *f.*		テレビ
radio *f.*	ラジオ	téléphone *m.*		電話
portable *m.*	携帯電話			

文房具：

stylo *m.*	ペン	stylo-bille *m.*	ボールペン
crayon *m.*	鉛筆	gomme *f.*	消しゴム
papier *m.*	紙	cahier *m.*	ノート
agenda *m.*	手帳　(…)		

Les aliments

pain *m.*		パン
riz *m.*		米
viande *f.*		肉
bœuf *m.*		牛肉
porc *m.*		豚肉
poulet *m.*		鶏肉
poisson *m.*		魚
fromage *m.*		チーズ
légume *m.*		野菜
fruit *m.*		フルーツ
boisson *f.*		飲み物
eau *f.*		水
café *m.*		コーヒー
thé *m.*		茶
lait *m.*		ミルク
jus *m.*		ジュース
coca *m.*		コーラ
bière *f.*		ビール
vin *m.*		ワイン
		(…)

フランス語圏の通貨

　フランスでは通貨としてユーロ (euro, €) が使われていますが, フランス語圏では別の通貨が使われている国もあります.
　カナダ (ケベック州)：カナダドル (dollar canadien)
　スイス (フランス語圏)：スイスフラン (franc suisse)

配点：25 points 　　時間：約 45 分

	資料の種類	設問形式
EXERCICE 1 **[13 points]** ・出来事を描写する，または個人的経験について語る	手紙, e-mail, ネットのフォーラム, メッセージ, メモ, エッセー, 日記	創作文
EXERCICE 2 **[12 points]** ・様々なメッセージ（招待，感謝，謝罪，要求，通知，祝賀）に応える	絵葉書, e-mail, 手紙, 短い自己紹介文など	手紙への返事

▶ 概　要

　文章作成（作文）の試験には 2 つの Exercice があります．

　Exercice 1 では，友だちへ手紙を書かせる出題パターンが多いです．手紙の受取人は友だちのケースが多いので, 基本的に tutoyer (tu で話しかける) になると思います．もちろん，tutoyer をしている友だち複数に対して書く場合は vouvoyer になります．

　Exercice 2 では主に，招待への返事の執筆が求められます．

　以下が採点基準です．

【作文 (Exercice 1) の採点基準】

【設問に沿って答えているか】 ● 設問の要求に答えている 　→ ジャンル（例：同僚への e-mail，友達への絵葉書，ある出来事の描写など） 　→ テーマ（例：結婚式，ヴァカンスなど） 　→ 談話のタイプ（例：叙述，描写） ● 最低文字数の 60 語をクリアしている	1 point (0,5 point 刻み)
【叙述（描写）力】 ● 周囲（人々，事物，場所）や，出来事，過去の活動，個人的な経験について簡単な文章を書くことができる	4 points
【自分の感想を伝える力】 ● 自分の感想を簡単に伝えることができる．そう感じた理由を述べることができる	2 points
【語彙と綴り】 ● 求められた状況に関する基本的な語彙を使うことができる	2 points
【文法の知識（形態統語論）】 ● 求められた状況に関する単純な文法構造・形式を使いこなせる（ただし，初歩的な誤りはある程度残っている）	2,5 points

【整合性と統一感】 ● シンプルで一貫性のある文章を書くことができる ● よく使われる接続語を用いて，文章を結びつけることができる	1,5 point

【作文 (Exercice 2) の採点基準】

【設問に沿って答えているか】 ● 設問の要求に答えている 　→ ジャンル（例：同僚への e-mail, 友達への絵葉書，ある出来事の描写など） 　→ テーマ（例：結婚式，ヴァカンスなど） 　→ 談話のタイプ（例：招待状／メッセージに答える） ● 最低文字数の 60 語をクリアしている	1 point (0,5 point 刻み)
【社会言語学的採点】 ● メッセージの受け手と文脈に合った言い回しを選んでいる (tu と vous をしっかり使い分けている) ● よく使われる挨拶の表現を使うことができる	1 point
【他人と交流する力】 ● シンプルな私信を書いて，感謝・謝罪・提案などを表現できる	4 points
【語彙と綴り】 ●（Exercice 1 と同じ）	2 points
【文法の知識（形態統語論）】 ●（Exercice 1 と同じ）	2,5 points
【整合性と統一感】 ●（Exercice 1 と同じ）	1,5 point

◇ 注意点

［ポイント ①］自分の言葉で！

　DELF/DALF では出題文中にある単語を写すのではなく，それを自分の言葉（自分が使える平易な言葉）に変換して答えるのが重要です．

［ポイント ②］時間配分をイメージする

　第 3 部は 45 分で，60 語以上＋ 60 語以上＝ 120 語以上です．思ったより時間が少ないと感じるかもしれません．詳細な下書きは書かずに，メモから清書ができるように練習しましょう．

［ポイント ③］ Hors sujet にならないように！
_{オー シュジェ}

　設問の指示内容をしっかり確認して，Hors sujet ［的外れの解答］にならないよう
に気を付けましょう．Hors sujet は設問の意図を正確に読み取れていない場合に陥り
がちです．まず，設問がどのようなジャンルやテーマの作文を求めているか，すぐに
読み取れるようにしましょう．

　　→ ジャンル（例：同僚宛ての e-mail，友達宛ての絵葉書…）

　　→ テーマ（例：結婚式，ヴァカンス…）

［ポイント ④］ キーワードから連想することに慣れておきましょう

（例）[Exercice 1] 設問：

　Avant, vous habitiez dans la banlieue$_{(1)}$. Il y a quelques jours, vous avez
emménagé$_{(2)}$ dans un nouveau quartier du centre-ville$_{(3)}$. Décrivez ce quartier à
un ami français (magasins$_{(4)}$, transport en commun$_{(5)}$, parc$_{(6)}$…). (60 à 80 mots)

【キーワード】		【キーワードから連想していく】
(1) 郊外	→	以前は郊外に住んでいた，交通が不便…
(2) 引越し（してきた）	→	数日前に引っ越ししてきた，引っ越しで疲れた…
(3) 中心街	→	学校（会社）に近い，繁華街…
(4) 商店	→	パン屋，スーパー，便利…
(5) 公共交通機関	→	地下鉄，トラムウェイ，バス（学校へ，会社へ）…
(6) 公園	→	近くの公園，人がたくさんいる，毎週末…

［ポイント ⑤］ 間違いのチェックのこつ

　読み返す時に，最初からしらみつぶしに間違いを探すのではなく，まずは単数・複
数が間違っていないかだけを全文チェック，次に男性・女性が間違っていないか全
文チェックというふうに，全文を1つの確認事項について何回もスキャンする感じで
チェックするのが効果的です．

［ポイント ⑥］

　別紙に下書きをしてもいいですが，最後にはペンで清書しなければなりません．黒
（または青）のペンを使ってください．

[作文・フローチャート（Exercice 1 ou 2）]

(1) **キーワードをメモする**

(2) **【第1プラン】：アイディアを分類・整理する**

(3) **【第2プラン】**
   ・第1プラン上に細部をつくっていきます.
   ・それぞれのアイディア同士の関連をメモしていきます.
   ・必要であれば，アイディアの順序を入れ替えます.
   （時間があれば草案を書く）

(4) **【清書】**
   ・解答用紙に上記のプランを基に清書します.
   ・指定の文字数を守りましょう（Exercice 1, 2 それぞれ60字以上，計45分）

Exercices 1 《例》

設問：Vous avez <u>visité le Mont-Saint-Michel</u>(a). Décrivez cet événement à un <u>ami français</u>(b).

<u>60 mots minimum</u>

□ ジャンル：友達宛ての絵はがき（メール）
   → Salut [フランス人の名]！/ tu を使用 / À très bientôt !
□ テ ー マ ： モン＝サン＝ミッシェル観光

---

(1) キーワードをメモする
   (a) visiter le Mont-Saint-Michel（モン＝サン＝ミッシェルを観光する）
   (b) un ami français（フランス人の友達）

(2) 【第1プラン】：アイディアを分類・整理する
   Quand ?　　　　　　　week-end dernier(1)
   Où ?　　　　　　　　　le Mont-Saint-Michel(2)
   Le temps ?（天気）　　très beau, très chaud(3)
   L'événement（出来事）visiter / église / plage / manger / retourner(4)

(3) 【第2プラン】
   Quand ?　　　　　　　week-end dernier / une demi-journée

Où ?	le Mont-Saint-Michel en Normandie
Le temps ?	Il faisait très beau, et très chaud.
L'événement	visiter l'église / se balader（散歩する）à la plage /
	manger une omelette / retourner à Paris
Le sentiment（気持ち）	magnifique(5)

（作文例）

Salut Gabriel !

Le week-end dernier(1), j'ai visité le Mont-Saint-Michel en Normandie(2) avec mes camarades de classe à l'école de français !

Nous nous sommes baladés(4) à la plage. Il faisait très beau(3) et très chaud(3).

C'était seulement une demi-journée(1), mais c'était un paysage magnifique(5).

J'ai aussi visité l'église(4) et mangé une omelette(4) dans un restaurant.

Je retourne à Paris(4) après-demain.

À très bientôt !

[あなたの名前] [63 mots]

Exercices 2 《例》

設問：Vous recevez cette invitation.（あなたはこの招待状を受け取りました.）

> Paris, le 23 avril 2023
>
> Chers amis,
>
> Alice et Raphaël seraient ravis de vous recevoir au Restaurant Grand Cœur samedi 15 mai à partir de 19 heures pour un repas de mariage(1). La soirée se poursuivra en musique jusqu'à minuit. Nous espérons que vous serez libres et que cette heure vous conviendra(2).
>
> Au plaisir de vous revoir très prochainement.
>
> Merci de confirmer votre présence avant le 7 mai.
>
> Amicalement
>
> Alice et Raphaël

□ ジャンル：友達宛ての手紙（招待状への返事）

　　　　　→ tu + tu（友達 2 人）= vous を使用

□ テーマ：　結婚を祝う夕食会

Vous leur répondez. Vous acceptez l'invitation et vous les remerciez.（招待に応じて，彼らにお礼を述べてください.）Vous annoncez votre retard d'environ une heure.（約 1 時間遅れることを伝えてください.）

60 mots minimum

(1) 必須項目

accepter l'invitation（Q1）

remercier Alice et Raphaël（Q2）

annoncer le retard d'environ une heure（Q3）

(2) アイディアを分類・整理する

accepter l'invitation（Q1）	→ j'accepte votre invitation
remercier Alice et Raphaël	→ merci pour votre invitation
fêter leur mariage	→ Toutes mes félicitations pour …
retard d'environ une heure	→ être en retard d'environ une heure
	→ j'arriverai vers 20 heures.
avoir hâte de voir …（〜に会うのが待ち遠しい）	
	→ j'ai hâte de vous voir

(3) 設問の要求に応えているかをチェック

Vous acceptez l'invitation.	Q1 → R1
Vous les remerciez.	Q2 → R2
Vous annoncez votre retard d'environ une heure.	Q3 → R3

（作文例）

Chers Alice et Raphaël,

Toutes mes félicitations pour votre mariage ! <u>Merci pour votre invitation</u>(R1) !

C'est avec plaisir que <u>j'accepte votre invitation du 15 mai.</u>(R2) Je suis libre le soir.

Mais, comme j'ai un rendez-vous chez le dentiste dans l'après-midi, <u>j'arriverai vers 20 heures au restaurant.</u>(R3) J'espère que cela ne posera pas de problème.

J'ai hâte de vous voir.

Bises,

[Votre prénom] [62 mots]

作文の添削方法

添削方法 (1)

　最近フランスでは，フランス語の添削を提供しているサイトがいくつかあります．比較的安価ですので，添削してくれる人が身近にいない場合は，一度試してみる価値がありそうです．私も大学の授業で必要なフランス語の文章や，フランス語の論文の校正をこういう会社に頼むことがあります．

添削方法 (2)

　スカイプレッスンで学べる学校に通えば，会話の練習だけでなく，作文の添削もお願いできるでしょう．

作文に使える表現

　（全ての表現が使える必要はありません．まず自分の得意な言い回しを一つ覚えて，使えるようにしましょう．）

○ 導入の表現（まず初めに，第一に）
　d'abord, premièrement

○ 別の考えを導入する表現
　deuxièmement（2番目に，第二に），troisièmement（3番目に，第三に），
　ensuite（次に），puis（次に）

○ 作文を締めくくる表現（最後に）
　enfin, finalement

○ 対立を表す表現
　au contraire（反対に），mais（しかし）

○ 説明を導入する表現
　文章 A, car 文章 B（A, というのも B, A, なぜなら B だから），
　parce que ～（～なので，～だから），puisque ～（～だから〔既知の理由〕）

○ 結論・結果を示す表現
　donc ／ par conséquent ／ ainsi, aussi, en conséquence（したがって）
　　　　　↑やや改まった表現　　　　↑改まった表現
　alors（そこで）
　c'est pourquoi ...，c'est pour cela que ...，（そういうわけで…）

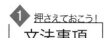

文法事項

押さえておこう！

巻末「基本的な文法事項」(p.229〜)参照

- [ ] 1 名詞と形容詞の男女の一致
- [ ] 2 名詞と形容詞の単複の一致
- [ ] 8 直説法現在：状態，描写
- [ ] 10b 否定の表現：ne ... pas / ne ... jamais / ne ... rien / ne ... personne
- [ ] 11 基本の疑問代名詞：qui（誰？），que（何？）
- [ ] 12 疑問形容詞
- [ ] 14 よく使われる不規則動詞：être, avoir, faire
- [ ] 14c よく使われる不規則動詞：venir, aller, savoir, voir, prendre
- [ ] 15 所有形容詞と所有代名詞
- [ ] 18b 代名動詞
- [ ] 19 直接目的補語 COD と間接目的補語 COI（間接 (他) 動詞）
    （ex : parler / téléphoner / demander ... à 人）
- [ ] 21 動詞＋不定形 (vouloir, pouvoir, devoir)
- [ ] 23b シンプルな論理をつなぐ言葉 mais / parce que
- [ ] 27 時間の位置づけ：重要な副詞（aujourd'hui, maintenant, demain ...）（出来事を時間の中で位置づける）
- [ ] 28 空間の位置づけ：en / au + pays ; à + ville
- [ ] 31 複合過去形 (過去分詞)：過去における出来事
- [ ] 33 シンプルな関係代名詞（qui, que）
- [ ] 35 半過去形：過去における描写（il était / il y avait / il faisait ...）
- [ ] 36b 中性代名詞 y – 場所
- [ ] 37 感嘆文（Quel ... !）
- [ ] 38 不定形容詞（tout / toute / tous / toutes）
- [ ] 39 « on » の 3 つの意味

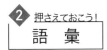

② 押さえておこう!

語 彙

- ☐ La famille 家族
- ☐ Les lieux 場所 *cf.* A2 Partie2
- ☐ Les pays 国, la géographie 地理, les paysages 風景, les villes 都市
- ☐ Les loisirs 余暇の娯楽:
  le sport スポーツ, les sorties 外出, les spectacles (演劇, 映画などの) 見世物,
  les voyages 旅行
- ☐ Les moyens de transport 交通手段:
  le métro 地下鉄, le bus バス, le train 電車, le taxi タクシー
- ☐ La vie quotidienne 日常生活:
  le travail 仕事, les achats 買い物, les activités quotidiennes 日常的な活動
- ☐ Le logement 住居: les pièces de la maison 家の部屋, la décoration 装飾
- ☐ Les objets du quotidien 日用品
- ☐ Les actions de la vie quotidienne 日常生活の行為
- ☐ Les aliments 食物, les repas 食事, la cuisine 料理
- ☐ Les animaux familiers 身近な動物
- ☐ Les événements 出来事:
  soirées パーティー,
  fêtes de famille 家族のお祝い, visites 見物,
  excursions 遠足

Les animaux familiers

chien *m.*	犬
chat *m.*	猫
animal domestique *m.*	ペット
oiseau *m.*	鳥
porc *m.*	豚
cheval *m.*	馬
bœuf *m.*	牛 (…)

Les événements

fête *f.*	祭り, パーティー
soirée *f.*	パーティー
dîner *m.*	夕食
repas *m.*	食事
apéritif *m.*	アペリティフ (食前酒)
anniversaire *m.*	誕生日
mariage *m.*	結婚
fêter un anniversaire	誕生日を祝う
célébrer un mariage	結婚式を祝う

○ A2 とほぼ同じレベルとされる仏検準 2 級では，単語の書き換えの問題があります．二つの類義表現の知識を問う問題です．下記の例では，avoir envie de ＋不定詞と vouloir ＋不定詞「〜したい」が否定形で半過去形になっています．

> 例： A Patrice n'avait aucune envie d'aller à l'étranger.
> B Patrice ne (voulait) pas du tout aller à l'étranger. (仏検 2011 年秋季)

DELF では同じタイプ（穴埋め）の設問は出題されません．もちろん，穴埋め形式の問題は類義表現・同義表現を整理するのに効果的です．その意味で，仏検対策の勉強は DELF にも役に立ちます．

ただ，仏検では上記のように二つの文章 A・B が同じ長さである点に注目すると，両試験の違いが見えてきます．

○ ここで，皆さんも受験を目指している DELF/DALF の上級について，少し図式的に話しますと，

> 膨大な量の仏語（例えば新聞記事，約 2000 字）→ 250 〜 300 字にまとめる

という図式で説明できます（筆記・面接）．また，まとめる際には，「元の記事で用いられている言葉は原則的に使い回ししない」ことが求められます．つまり，記事の骨子を別な表現で（もちろん文法的に正しい表現で）書き直す力が問われるわけです．

ここで注意したいのは，実際に試験場で書く 300 字の中に，《ハイレベル》の単語を使う必要はまったくなく，その逆だということです．《記事（膨大な量）》→《250 字》なわけですから，記事でいかに難しい表現が使われていても，la mutation / la modification / la transformation → le changement というふうに，より一般的な言葉に《レベルダウン》できる能力が問われているわけです．

○ もちろん，《Output の自由度（文章変換能力）は Input の豊富さ（どれだけ語彙を知っているか，その用法を把握しているか）に比例する》と言われるように，記事の内容・記事で使われている語彙の意味が分からなければどうしようもないのは当然です．ここで，仏検対策の学習が活きてくるわけです．これは，それまでにどれぐらいフランス語の文章を丹念に読んできたかが問われます．

○ DELF/DALF の上級レベルは，本書が扱っている DELF A1, A2 レベルの延長線上にあります．したがって次のステップを考えるならば，単語・熟語を覚える際は，下記の → の方向性を意識するのがいいでしょう．

> se trouver ＋場所（〜にいる，ある），se situer（〜にある，位置する）→ **être**
> être capable de ...（〜できる），être en mesure de ...（〜できる）→ **pouvoir**
> A ressembler à B（A は B に似ている）→ **A être comme B**（A は B のようだ）
> faire l'achat de ...（〜を買う）→ **acheter**

配点：25 points　準備時間：10 分，試験時間：5 〜 7 分

	試験の内容
ENTRETIEN DIRIGÉ [4 points] ・基本的な質問	自己紹介する／面接官からの質問に答える （あなた自身，あなたの家族，あなたの趣味などについて）
ÉCHANGE D'INFORMATIONS [5 points] ・情報の交換	無作為に選んだテーマについて，書かれた質問文に口頭で答える → 短い口頭発表 （面接官から質問がある可能性があります）
DIALOGUE SIMULÉ [6 points] ・ロールプレイング（状況を設定して会話を展開する）	無作為に選んだ状況設定に従って，面接官とロールプレイを演じる
言語レベル [10 points]	語彙 [3 points]　文法 [4 points]　発話 [3 points]

▶ 概　要

　第 4 部・口頭表現（面接）の試験は 3 つのセクションで構成されます．

　面接試験が始まる前に，10 分間の準備時間があります．セクション 2 とセクション 3 の準備をしてください．

　セクション 1 では，簡単に自己紹介をしてください．あなた自身，あなたの家族，あなたの趣味などについて話してください．その後，時間があれば，面接官からの質問に答えてください．

　セクション 2 では，準備の際に無作為に選んだテーマについて，書かれた質問文に口頭で答えてください．一つのテーマについての短い口頭発表と言えます．面接官から口頭で質問がある可能性もあります．

・**あなた** ─発表→ **面接官**

　（**面接官** ─質問→ **あなた**）

　セクション 3 では，準備の際に選んだテーマに従って，面接官と一緒にロールプレイングをします．

　テーマは数行で状況設定がしてあります．

　準備時間中に書いたメモを見ることができます．

面接試験までの流れ

準備（10 分）

・セクション 2 のために，2 つのテーマを無作為に選んでください（tirage au sort）．そのうち 1 つについて準備してください．

・セクション 3 のために，2 つのテーマを無作為に選んでください（tirage au sort）．そのうち 1 つについて準備してください．

↓

面接試験（6-8 分）

以下が口頭表現の採点基準です.

［口頭表現の採点基準］

1. 基本的な質問（＝セクション 1） 《面接官に話す》 ● 基本的な挨拶ができる ● 自己紹介ができる ● 身近な主題（あなたの家族，友達，趣味など）について話すことができる	3 points (0,5 point 刻み： 例 0,5 point, 1,5 point)
《面接官に答える》 ● あなたについて，あなたの趣味や好みについての簡単な質問に答えることができる ● 面接官とシンプルなやり取りができる	1 point
2. 情報の交換（＝セクション 2） ● 身近なテーマに関する個人の体験について，他人の助けなしに話すことができる	3 points
● いくつかの情報を明快に結びつけながら伝えることができる （et, alors, mais, parce que などの接続語が適切に用いられている）	2 points
3. ロールプレイング（状況を設定して会話を展開する）（＝セクション 3） ● 日常生活の簡単な商取引における情報を求めたり，与えたりすることができる ● 提案をしたり，提案を受け入れたり，拒否したりすることができる	4 points
● よく使われる丁寧表現を，対話者に応じて適切に用いることができる	2 points
4. 上記 3 セクション全体を通した言語レベル **【語彙】**	3 points
【文法】 ● 簡単な構文を使いこなせる．初歩的な文法の誤りは見受けられるが，大まかに意味は通じる	4 points
【発話】 ● 十分に明確なやり方で自分の考えを表現できる ● 繰り返して言わないと，相手に通じない時もある	3 points

 注意点

［ポイント ①］

　面接試験の部屋に入る前に深呼吸するなどして，リラックスすることを心がけましょう．部屋に入った時に，しっかり挨拶しましょう．公的な試験ですから，vous を使ってください．

［ポイント ②］

　DELF A1 では面接官からの質問に答える形でしたが，DELF A2 では一歩進んで，自

発的に短い自己紹介ができるように準備しておいてください（後述の例を参照）.

その後で, 面接官から質問があるでしょう. Oui や Non だけで終わらずに, なるべく文章を作って, 説明する努力をしましょう.

［ポイント ③］

間違えるのが怖いと感じるのは誰しも同じです. 質問が分からなかった場合は, Excusez-moi, vous pouvez répéter, s'il vous plaît ?（すみません. もう一度言ってください）と聞き返してみましょう.

迷ったり, 小さな間違いをするのは普通です. 単語が出て来なくてもパニクる必要はありません. 自分を信じましょう.

［ポイント ④］

準備期間中に メモを取っても OK. 試験中にメモを見ても OK.

［ポイント ⑤］

セクション 2 とセクション 3 のために, 準備期間に何をするか？

セクション 2 では, 準備の際に無作為に選んだテーマについて, 書かれた質問文に答えなければなりません. 書かれた質問文にどのように答えられるかを想像して, メモに書いてください.

セクション 3 はロールプレイングです. セクション 3 で話すつもりの全ての対話をメモすることはできません. キーワードだけをメモすることになります. したがって, メモされたキーワードだけを見て, 文章化する練習が必要になるでしょう.

［ポイント ⑥］

あなたが話している時に面接官が採点メモを取るかもしれませんが, 気にしないようにしましょう.

［ポイント ⑦］

面接官の言葉を遮らないように注意しましょう. 面接官の言葉を最後までよく聞いて, 応答のセリフを考えましょう.

口頭表現練習

[セクション1《自己紹介》]

Est-ce que vous pouvez vous présenter ?「自己紹介していただけますか？」

《自己紹介の例1》
— Bonjour. Je m'appelle Misaki Itô. J'ai 21 ans. Je suis japonaise. J'étudie le français depuis 3 ans à l'Université de（大学の名前）. Je voudrais améliorer mon français parce que j'adore la France.

《自己紹介の例2》
— Je m'appelle Takashi Mori. J'ai 20 ans. Je suis japonais. J'habite à Yokohama.

《家族について》
— Je suis célibataire. / J'ai un enfant. / Mes parents habitent (vivent) à Kôbe.

《住まいについて》
— J'habite dans un appartement. C'est un petit appartement. Il y a deux pièces.

《仕事について》
— Je travaille chez（会社の名前：例 chez Sony）. J'aime beaucoup mon travail car（理由）.

《学歴について》
— J'ai une licence en lettres. J'ai étudié pendant 4 ans. Je suis allé(e) à l'Université de（大学の名前）.

《趣味について》
— J'aime faire du tennis car（理由）.
— J'adore les films français (la cuisine française / les pâtisseries françaises) parce que（理由）.

[想定質問]

Questions sur vous :
— Quel est votre nom ?
— Est-ce que vous pouvez me parler de votre profession / vos études ?
— Quelle est votre nationalité ?
— Quel type de musique aimez-vous écouter ?
— Est-ce que vous faites du sport ? Lequel ?
— Quel est votre livre / film préféré ? Pourquoi ?
— Quelle est votre date de naissance ? Quel âge avez-vous ?

— Pour quelles raisons étudiez-vous le français ?

Questions sur la famille :

— Quelle est votre situation de famille ? Célibataire ? Marié ? Divorcé ?

— Est-ce que vous avez des enfants ?

— Ils ont quel âge ?

— Est-ce que vous pouvez me parler de votre famille ?

— Avez-vous des frères et sœurs ?

Questions sur votre logement :

— Où habitez-vous ?

— Quelle est votre adresse ?

［セクション 2 《対策》］

(1) キーワードをメモする

【設問例】　Lisez-vous les livres ? Quel genre de livres ?

【キーワード】動詞 lire「読む」, 名詞 le livre「本」, 名詞 le genre「種類, ジャンル」

(2) キーワードをどう展開できるか考える（準備時間に）

lire → Je の活用　Je lis …

　　　　 ex. Oui, je lis des livres de temps en temps (souvent).

　　　　　　 Non, je ne lis pas souvent de livres.

　　→ 名詞化 la lecture「読書」

　　　　 ex. J'adore la lecture.

quel genre

　　　　 ex. Je lis surtout des romans policiers (romans d'amours / romans de science-fiction).

(3) どんな動詞が使えるか考える（準備時間に）

J'adore …

J'aime … / Je n'aime pas …

Je déteste …

Je préfère …

(4) 理由を考える

— J'adore les romans d'amour. Car c'est très romantique.

— J'aime les romans policiers parce que je trouve intéressant de voir le personnage principal résoudre des énigmes.

> **セクション 2 お薦めの対策法**
>
> ・あるテーマについて, 一定量の文章を書いてみる.
> 　↓
> ・フランス人（先生, 友達）またはフランス語の先生に添削してもらう.
> 　↓
> ・声を出して何回も読んでみる（大きめの単語カードに記入して, 整理する）.

1. 写真の人たちの会話を想像してみてください.

(1)   (2)   (3)

 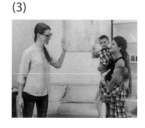

(4)   (5)

2. （　　　　　）に適切な言葉を選んで入れてください.

(1) Pierre ne parle pas bien anglais [parce qu' / mais / donc / et] il parle parfaitement italien.

(2) J'ai mangé tout le fromage [mais / donc / alors / parce qu'] il n'y avait plus rien d'autre.

(3) Je pense qu'il va pleuvoir, [mais / donc / comme / car] je pars en voiture.

(4) Camille doit être malade, [car / ou / et / alors] je ne l'ai pas vue de la journée.

(5) On va commencer à l'aube, [comme / c'est-à-dire / également / effectivement] à 6 heures du matin.

(6) [Comme / Mais / Puis / Car] je dois finir un travail important, je rentrerai tard.

3. （　　　　　　　）に適切な言葉を選んで入れてください.

Sujet 1 Maison ou appartement

Vous préférez vivre dans une maison ou un appartement ? Expliquez pourquoi.

quand / pour le moment / car / mais

　Je préfère (　　　　　　　) vivre dans un appartement. Je suis célibataire, donc je ne trouve pas nécessaire d'avoir une maison. (　　　　　　　) une maison demande beaucoup de travaux d'entretien. (　　　　　　), bien sûr, (　　　　　) j'aurai ma famille, j'aurai envie d'avoir une maison.

[セクション 3 《対策》] ···

　設問：Vous tirez au sort 2 sujets et vous en choisissez 1. Vous devez simuler un dialogue avec l'examinateur afin de résoudre une situation de la vie quotidienne. Vous montrez que vous êtes capable de saluer et d'utiliser les règles de politesse.

Sujet 1 Aéroport［実際に出題された問題を基に作成］

Vous venez d'arriver en avion à un aéroport à Paris, mais votre valise n'arrive pas sur le tapis roulant. Vous allez au comptoir « Service Bagages » de l'aéroport pour réclamer votre valise. Vous décrivez votre valise.
L'examinateur joue le rôle du personnel au comptoir.

(1) テーマをしっかり読み取る
　　(a) 自分の役割は？　étudiant, employé, ami, collègue … → un voyageur
　　(b) 面接官の役割は？　ami, chef, collègue, parent, professeur …
　　　　　　　　　　　　　　　　　　　　 → un personnel au guichet
　　(c) 自分は何をしなければならないか？　→ réclamer votre valise perdue
　　(d) どんな言葉遣い？　　　　　　　　　→ vouvoyer

(2) キーワードを軸に, 会話の展開を予想する（準備時間に）
　　・予想会話を全てメモする時間はないので, 展開の順番にキーワードをメモする
　　・面接官の答えによって, 臨機応変に変える必要がある
　　　au comptoir « Service Bagages » de l'aéropot à Paris
　　　　（パリの空港の「荷物サービス」カウンター）

réclamer votre valise perdue（あなたのスーツケースの紛失について抗議する）

le reçu de bagage（手荷物引換証）

la carte d'embarquement（搭乗券）

le tapis roulant（手荷物受取レーン）

la sangle（スーツケースのベルト，バンド）

(3) 必要となる単語・表現を予想

au comptoir « Service Bagages » de l'aéroport à Paris

→ Bonjour (Bonsoir) / …, s'il vous plaît.

réclamer votre valise perdue

→ Ma valise n'est pas sortie du tapis roulant. /

Mon bagage n'est pas sorti du tapis roulant.

（私のスーツケースが受取レーンから出て来なかったんです.）

le reçu de bagage（荷物預かり証）, carte d'embarquement（搭乗券）

→ Voici mon reçu de bagage et ma carte d'embarquement.

caractéristique de la valise

→ Ma valise est de couleur blanche, avec la sangle verte.

（会話例）🎧³

— Bonjour, je viens d'arriver, mais ma valise n'est pas sortie du tapis roulant.

こんにちは, 今着いたばかりですが, 私のスーツケースが受取レーンから出て来なかったんです.

Pouvez-vous trouver où est ma valise, s'il vous plaît ?

スーツケースがどこにあるか調べてもらえませんか.

— D'accord. Pour les vérifications, pouvez-vous me passer votre reçu de bagage et votre carte d'embarquement, s'il vous plaît ?

分かりました. 今調べますから, 荷物の預かり証と搭乗券をお願いします.

— Voici mon reçu de bagage et ma carte d'embarquement.

これが預かり証と搭乗券です.

— Quel genre de valise est-ce ? Pouvez-vous la décrire, s'il vous plaît ?

どんなスーツケースですか. 特徴を教えてください.

— Ma valise est de couleur blanche, avec une sangle verte.

色は白で, 緑のベルトが巻いてあります.

— Après avoir vérifié, il semble que votre valise soit passée à un autre terminal. Excusez-nous. Je vais vous la chercher tout de suite.

（調べたところ，）別のターミナルに行ってしまったようです．申し訳ありませんでした．すぐに手配します．

— D'accord. Merci beaucoup.

分かりました．ありがとうございました．

口頭表現（面接）の際に使える表現

○ 補足説明を求める言い回し
Est-ce que vous pouvez répéter, s'il vous plaît ? （繰り返していただけますか？）
または，Pouvez-vous répéter, s'il vous plaît ?
※Pouvez-vous の代わりに条件法の Pourriez-vous を使うと，より丁寧な言い回しになります．
　　→ Pourriez-vous répéter, s'il vous plaît ?
Pourriez-vous préciser, s'il vous plaît ?
（もう少しはっきり言っていただけますか？）
Pourriez-vous m'expliquer à nouveau, s'il vous plaît ?
（もう一度説明していただけますか？）

○ 確認を求める言い回し
J'ai compris que ... Est-ce bien cela ?
（私は…だと理解しました．これでよろしいですか？）
Si je comprends bien, vous me dites que ...
（私の理解が正しければ，あなたは…とおっしゃるわけですね．）

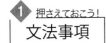

文法事項　巻末「基本的な文法事項」(p.229 〜)参照

○**自分から話す・描写する** [Expression orale = セクション 2]

- ☐ 1　名詞と形容詞の男女の一致
- ☐ 2　名詞と形容詞の単複の一致
- ☐ 8　直説法現在：状態，描写
- ☐ 10b　否定の表現：ne ... pas / ne ... jamais / ne ... rien / ne ... personne
- ☐ 11　基本の疑問代名詞：qui（誰？），que（何？）
- ☐ 12　疑問形容詞

□ 14　よく使われる不規則動詞：être, avoir, faire

□ 15　所有形容詞と所有代名詞

□ 17　近未来：aller ＋不定詞「（今から）〜するところだ」時間的に近い出来事／ある程度遠い未来

□ 17b　近過去：venir de ＋不定詞「〜したところだ」

□ 18b　代名動詞

□ 19　直接目的補語 COD と間接目的補語 COI（間接（他）動詞）
　　　（ex：parler / téléphoner / demander … à 人）

□ 20　指示代名詞

□ 21　動詞＋不定形

□ 23b　シンプルな論理をつなぐ言葉　mais / parce que

□ 27　時間の位置づけ：重要な副詞（aujourd'hui, maintenant, demain …）（出来事を時間の中で位置づける）

□ 28　空間の位置づけ：en / au ＋ pays ; à ＋ ville

□ 28b　空間の位置づけ

□ 31　複合過去形（過去分詞）：過去における出来事

□ 31b　過去分詞

□ 34　単純未来：予測，将来の計画

□ 35　半過去形：過去における描写（il était / il y avait / il faisait …）

□ 36b　中性代名詞 y — 場所

□ 37　感嘆文（Quel … !）

□ 38　不定形容詞（tout / toute / tous / toutes）

□ 43　比較：名詞／形容詞の比較級

□ 44　強度の副詞（très, trop …）

□ 45　名詞の補語（à または de を介して）：用途，内容物

□ 45b　名詞の補語（en または de を介して）：材質

○質問に答える・質問する [Interaction orale ＝ セクション 3（セクション 1）]

□ 1　名詞と形容詞の男女の一致

□ 2　名詞と形容詞の単複の一致

□ 8　直説法現在：状態，描写

□ 8b　être en train de ＋不定詞「〜している最中だ」

□ 10b　否定の表現：ne … pas / ne … jamais / ne … rien / ne … personne

□ 11　基本の疑問代名詞：qui（誰？），que（何？）

□ 12　疑問形容詞

☐ 15 　所有形容詞と所有代名詞

☐ 17 　近未来：aller ＋不定詞「（今から）〜するところだ」時間的に近い出来事／あ
　　　　 る程度遠い未来

☐ 17b 　近過去：venir de ＋不定詞「〜したところだ」

☐ 19 　直接目的補語 COD と間接目的補語 COI（間接（他）動詞）
　　　　 (ex：parler / téléphoner / demander ... à 人)

☐ 22b 　肯定命令と否定命令：指示，指令

☐ 28 　空間の位置づけ：en / au ＋ pays ; à ＋ ville

☐ 32 　条件法現在：丁寧な表現 « je voudrais ... »

☐ 32b 　条件法現在：丁寧な表現，提案（on pourrait ＋不定形）

☐ 34 　単純未来：予測，将来の計画

☐ 35b 　Si ＋半過去：提案

☐ 36 　中性代名詞 en（部分を示す）– 量

☐ 36b 　中性代名詞 y – 場所

☐ 37 　感嘆文（quel, que, comme ... !）

☐ 38 　不定形容詞（tout / toute / tous / toutes）

☐ 39 　« on » の 3 つの意味

☐ 40 　否定疑問文への返事 si / non，moi aussi / moi non plus ...

☐ 41 　序数

☐ 42 　決まった量（un kilo de / une bouteille de ...）

☐ 43b 　量：比較（moins de ... que / autant de ... que）

☐ 44 　強度の副詞（très, trop ...）

語 彙

- ☐ Les personnes 人物：la famille 家族, la description physique 身体の描写
- ☐ Les pays 国, la géographie 地理, les paysages 風景, les villes 都市
- ☐ Les lieux 場所 *cf.* A2 Partie2
- ☐ Les loisirs 余暇の娯楽：le sport スポーツ, les sorties 外出,
  les spectacles （演劇，映画などの）見世物，ショー, les voyages 旅行
- ☐ Les moyens de transport 交通手段：
  le métro 地下鉄, le bus バス, le train 電車, le taxi タクシー
- ☐ La vie quotidienne 日常生活：le travail 仕事, les achats 買い物,
  les activités quotidiennes 日常的な活動
- ☐ Le logement 住居：les pièces de la maison 家の部屋, la décoration 装飾
- ☐ Les objets du quotidien 日用品
- ☐ Les actions de la vie quotidienne 日常生活の行為
- ☐ Les aliments, les repas, la cuisine 食物，食事，料理
- ☐ Les animaux familiers 身近な動物
- ☐ Les événements 出来事：soirées パーティー,
  les fêtes de famille 家族のお祝い, les visites 見物, les excursions 遠足
- ☐ L'itinéraire 道筋

Les personnes

家族：

grand-père *m.* 祖父	grand-mère *f.* 祖母	parents *m. pl.* 両親
père *m.* 父	mère *f.* 母	frère *m.* 兄（弟）　sœur *f.* 姉（妹）
un (une) enfant 子ども	fils *m.* 息子	fille *f.* 娘　　　mari *m.* 夫
femme *f.* 妻	oncle *m.* 叔父（伯父）	tante *f.* 叔母（伯母）（…）

身体の描写：

beau (belle) 美しい	joli(e) きれいな	
mignon(ne) かわいらしい	maigre やせた	mince 細い
gros(se) 太った	gentil(le) やさしい	aimable やさしい
sympathique 感じのよい	poli(e) 礼儀正しい	intelligent(e) 頭のいい
sage 賢い	actif (active) 活動的な	calme 物静かな　（…）

練習問題の解答

1. (1) — Salut, Sylvie ! Ça fait longtemps !
   — Salut, Marie ! Comment vas-tu ?
   (2) — Entrez, Madame. Alors, qu'est-ce qui ne vas pas ?
   — Eh bien, depuis avant-hier, j'ai un mal de tête affreux.
   (3) — À ce soir ! Bonne journée !
   — Bonne journée, maman.
   (4) — Bonjour, docteur.
   — Bonjour, Hélène, qu'est-ce que tu as aujourd'hui ?
   — J'ai des douleurs aux gencives récémment.
   (5) — Salut Martine.
   — Salut Antoine. Ça va ?
   — Pas mal. Et toi ?
2. (1) mais (2) parce qu' (3) donc (4) car (5) c'est-à-dire (6) Comme
3. pour le moment / Car / Mais / quand

DELF A2

PARTIE 1

Compréhension de l'oral 25 points

Ministère de l'éducation nationale, Centre international d'études pédagogiques. DELF niveau A2 du *Cadre européen commun de référence pour les langues,* épreuve orale collective.

Vous allez écouter plusieurs documents. Il y a 2 écoutes. Avant chaque écoute, vous entendez le son suivant : 🔊. Dans les exercices 1, 2 et 3, pour répondre aux questions, cochez (⊠) la bonne réponse.

EXERCICE 1 | 6 points | 06

Vous écoutez des annonces publiques.

DOCUMENT 1

Lisez les questions. Écoutez le document puis répondez.

❶ Où s'est perdue la petite fille ?   1 point

☐ A. Au 2ème étage.

☐ B. Au rez-de-chaussée.

☐ C. Au parking.

DOCUMENT 2

Lisez les questions. Écoutez le document puis répondez.

❷ Quand le service reprendra-t-il ?   1 point

☐ A. Le jeudi 28 août.

☐ B. Le vendredi 29 août.

☐ C. Le samedi 30 août.

DOCUMENT 3

Lisez les questions. Écoutez le document puis répondez.

❸ Le dimanche matin, cette bibliothèque est … 1 point

☐ A. fermée.

☐ B. ouverte, mais sur réservation.

☐ C. entrée libre.

DOCUMENT 4

Lisez les questions. Écoutez le document puis répondez.

❹ Il est interdit de … 1 point

☐ A. photographier pendant le spectacle.

☐ B. téléphoner pendant la pause.

☐ C. boire pendant le spectacle.

DOCUMENT 5

Lisez les questions. Écoutez le document puis répondez.

❺ Qu'est-ce que vous devez faire ? 1 point

A ☐ B ☐ C

DOCUMENT 6

Lisez les questions. Écoutez le document puis répondez.

❻ Où se trouve le terminus du train ? 1 point

☐ A. Lille Flandres.

☐ B. Saint Quentin.

☐ C. Bordeaux.

Vous écoutez la radio.

DOCUMENT 1

Lisez les questions. Écoutez le document puis répondez.

❶ Aujourd'hui, quel temps fait-il au Nord ? 1 point

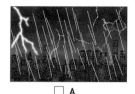 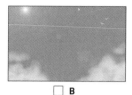 

☐ A ☐ B ☐ C

❷ Quelle est la température de ce matin à Marseille ? 1 point

☐ A. 28 degrés.

☐ B. 30 degrés.

☐ C. 36 degrés.

DOCUMENT 2

Lisez les questions. Écoutez le document puis répondez.

❸ Quel genre d'articles vendent ce magasin ? 1 point

 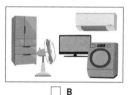 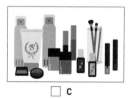

☐ A ☐ B ☐ C

❹ Quel est le pourcentage de la réduction dont vous pouvez bénéficier ? 1 point

☐ A. 14 %

☐ B. 15 %

☐ C. 16 %

DOCUMENT 3

Lisez les questions. Écoutez le document puis répondez.

❺ Dans ce musée, il est interdit de … 1 point

☐ A. faire des expériences.

☐ B. toucher les objets.

☐ C. ne pas toucher.

❻ Ce musée est destiné … 1 point

   ☐ A. à tout le monde.

   ☐ B. aux enfants de moins de cinq ans.

   ☐ C. aux enfants de cinq ans ou plus.

▌EXERCICE 3 `6 points` 🎧 08

Vous travaillez dans un magasin d'électroménager.
Vous écoutez ce message sur un répondeur téléphonique.
Lisez les questions. Écoutez le document puis répondez. `1 point par réponse`

❶ Quelle machine devez-vous réparer ? 1 point

  ☐ **A**   ☐ **B**   ☐ **C**

❷ Quand Monsieur Gauthier a-t-il demandé la réparation ? 1 point

   ☐ A. Il y a deux semaines.

   ☐ B. La semaine dernière.

   ☐ C. Il y a quelques jours.

❸ Où est M. Gauthier maintenant ? 1 point

   ☐ A. Chez « Office imprimerie ».

   ☐ B. En voyage d'affaires.

   ☐ C. En voyage privé.

❹ Pendant combien de temps M. Gauthier a-t-il été absent ? 1 point

   ☐ A. Pendant trois jours.

   ☐ B. Pendant une semaine.

   ☐ C. Pendant deux semaines.

❺ Qu'est-ce que vous devez faire ? 1 point

   ☐ A. Téléphoner.

   ☐ B. Envoyer un e-mail.

   ☐ C. Envoyer quelqu'un.

❻ M. Gauthier propose … 1 point

    ☐ A. d'attendre encore une semaine.

    ☐ B. d'envoyer quelqu'un pour récupérer l'imprimante.

    ☐ C. d'acheter une autre imprimante dans votre magasin.

EXERCICE 4   7 points   09

Vous écoutez 4 dialogues. Cochez pour associer chaque dialogue à la situation correspondante.
Attention : il y a 6 situations mais seulement 4 dialogues.
Lisez les situations. Écoutez les dialogues puis répondez.

	A. Choisir quelque chose	B. Interdire quelque chose	C. Rendre quelque chose	D. Prendre rendez-vous	E. Fabriquer quelque chose	F. Offrir quelque chose	
Dialogue 1	☐	☐	☐	☐	☐	☐	2 points
Dialogue 2	☐	☐	☐	☐	☐	☐	2 points
Dialogue 3	☐	☐	☐	☐	☐	☐	2 points
Dialogue 4	☐	☐	☐	☐	☐	☐	1 point

Compréhension des écrits 25 points

EXERCICE 1 6 points

Vous avez trouvé dans le journal 6 sites (ou applications) pratiques pour la vie quotidienne. 1 point par réponse

Les sites et applis qui facilitent la vie

Up Coffee

❶ *Up Coffee* : Soda, déca, thé … La caféine est partout et pas seulement dans le café. L'application Up Coffee mesure et vous alerte sur votre taux de caféine.

Fidall

❷ *Fidall* : Vos cartes de fidélité sont introuvables au moment de passer en caisse ? Cette application sauvegarde toutes les informations nécessaires de vos cartes dans votre smartphone.

Handi Booking

❸ *Handi Booking* : Difficile de trouver un hôtel pour les vacances lorsque l'on est en situation de handicap. HandiBooking.com est un site de réservation pour tous, que l'on soit handicapé visuel, mental ou auditif.

Soleil Risk

❹ *Soleil Risk* : Cette application vous protège des UV ! Indice UV au jour le jour, règles de protection solaire : tout y est pour passer des vacances sans problème de peau.

Colunching

❺ *Colunching* : Dès que vous aurez indiqué où, quand et de quoi vous aimeriez discuter, ce site se chargera d'organiser un programme de rendez-vous autour d'une table avec de parfaits inconnus.

Marmiton

❻ *Marmiton* : Cette application contient quelques 60 000 recettes pour le déjeuner, le dîner ou le goûter ! Vous pouvez même chercher des recettes à partir des ingrédients dont vous disposez.

Associez chaque document à la personne correspondante.

Attention : il y a huit personnes mais seulement six documents.
Cochez une seule case pour chaque document.

	❶	❷	❸	❹	❺	❻
A. Nicolas ne voit pas bien de son œil gauche depuis sa naissance. Il veut voyager à l'étranger cet été.	☐	☐	☐	☐	☐	☐
B. Chloé adore faire des achats. Elle a du mal à classer ses nombreuses cartes de fidélité.	☐	☐	☐	☐	☐	☐
C. Léa a une peau fragile qui rougit facilement après l'exposition au soleil.	☐	☐	☐	☐	☐	☐
D. Théo veut connaître quelqu'un qui travaille dans un autre domaine que lui.	☐	☐	☐	☐	☐	☐
E. Lina n'arrive pas à s'endormir tôt. Elle pense que c'est parce qu'elle boit trop de café.	☐	☐	☐	☐	☐	☐
F. Simon a l'intention de séjourner en Angleterre pour améliorer son anglais.	☐	☐	☐	☐	☐	☐
G. Marie adore cuisiner. Elle cuisine presque tous les jours.	☐	☐	☐	☐	☐	☐
H. Georges est un grand amateur de cafés. Il veut goûter des cafés du monde entier.	☐	☐	☐	☐	☐	☐

EXERCICE 2 `5 points`

Vous venez de recevoir ce courriel. Répondez aux questions.

De : Ecole France – Paris – secrétariat secretariat@ecolefrance.fr

Objet : facture et test de placement

Monsieur,

Nous vous remercions de votre inscription aux cours de notre école. Vous trouverez ci-joint la facture.

Pour confirmer votre inscription, merci d'effectuer immédiatement le virement bancaire des frais de scolarité sur ce compte :

IBAN:CH0408465000GXXXXXXXX ; Clearing 8XXX ; Fondation, Ecole France.

INSCRIPTION :

- Cours intensif : Langue et culture françaises : du 16/01/2023 au 27/01/2023 : du lundi au vendredi (8:30 à 12:15) : 340 euros par semaine.

- Frais d'inscription : 40.00 euros
- TOTAL 720.00 euros

Afin de déterminer la classe qui vous correspond le mieux, pourriez-vous passer un test de niveau en ligne avant le 10 janvier?
Voici votre nom d'utilisateur et le mot de passe pour accéder au test de langue française en ligne (www.ecolefrance.fr):

Nom d'utilisateur : user202

Mot de passe : efp-2691

* Pendant le test, <u>merci ne pas utiliser des dictionnaires ou d'autres ressources électroniques</u> (smartphone, portable etc.) pour nous permettre d'effectuer une évaluation objective.

Nous restons à votre disposition pour plus d'informations.

Cordialement

Martine Pagnon
Ecole France

❶ Quel est l'objectif de ce courriel ?   0,5 point
- ☐ A. Faire de la publicité.
- ☐ B. Confirmer le paiement.
- ☐ C. Demander le paiement.

❷ Vous devez payer le frais de scolarité …   1 point
- ☐ A. immédiatement.
- ☐ B. avant le 10 janvier.
- ☐ C. avant le 16 janvier.

❸ Vous payer le frais de scolarité …   0,5 point
- ☐ A. par virement.
- ☐ B. en espèces.
- ☐ C. par chèque.

❹ Vous devez payer …   1 point

    ☐ A. 340 euros.

    ☐ B. 680 euros.

    ☐ C. 720 euros.

❺ Pour déterminer votre classe, vous devez …   1 point

    ☐ A. passer un examen en ligne.

    ☐ B. passer un examen sur place.

    ☐ C. déclarer vous-même votre niveau.

❻ Pour le test de placement, vous pouvez utiliser …   1 point

    ☐ A. le mot de passe.

    ☐ B. le dictionnaire.

    ☐ C. le portable.

EXERCICE 3   6 points

Vous lisez cette page sur Internet. Répondez aux questions.

Quand partir en Martinique ?

L'île de la Martinique connait deux saisons liées au niveau de précipitations. Ces deux saisons sont cependant peu marquées car le soleil, ainsi que les précipitations, sont présents toute l'année mais avec des intensités qui varient. La saison sèche appelée « carême » débute en décembre pour se terminer en avril ou début mai. Quelques pluies peuvent tomber quand même pendant cette période mais elles sont peu violentes et de courte durée. Les températures y sont un peu plus douces que pendant la saison humide et avoisinent les 23°C à 25°C. La seconde saison dite « hivernage » s'étale de mai à novembre et est caractérisée par une atmosphère plus chaude et humide. La température moyenne est de 27°C, août et septembre étant les mois les plus chauds. Des pluies violentes peuvent survenir brusquement et à n'importe quel moment. Préférez donc des mois de décembre à avril pour votre voyage en Martinique afin de profiter du cadre idyllique de cette île paradisiaque.

	JAN	FEV	MAR	AVR	MAI	JUIN	JUIL	AOÛT	SEPT	OCT	NOV	DEC
FORT-DE-FRANCE	☀	☀	☀	☀	☀	☀	☀	☀	☀	☀	☀	☀
MER	27°	27°	27°	28°	28°	28°	28°	29°	30°	29°	28°	28°

	JAN	FEV	MAR	AVR	MAI	JUIN	JUIL	AOÛT	SEPT	OCT	NOV	DEC
SAISON DES PLUIES								☂	☂	☂	☂	
PLAGES	👍	👍	👍	👍	👍	👍	👍					👍
KITESURF / PLANCHE À VOILE	👍	👍	👍	👍	👍	👍						👍
PLONGEE	👍	👍	👍	👍	👍							👍
OBSERVATION DES BALEINES	👍	👍	👍	👍							👍	👍
NOTRE AVIS	❤	❤	❤	❤	👍	👍		👎	👎	👎	👎	❤

❶ Ce document donne … 0,5 point

☐ A. des informations sur l'histoire de l'île.

☐ B. des conseils pour un voyage.

☐ C. des idées d'activités en montagne.

❷ La saison sèche commence … 1,5 point

☐ A. en décembre.

☐ B. en avril.

☐ C. en mai.

❸ La température moyenne de la saison sèche est … 1,5 point

☐ A. entre 23 à 25 degrés.

☐ B. de 27 degrés.

☐ C. de 30 degrés.

❹ L'auteur conseille de voyager en Martinique pendant la période d'août à novembre. 0,5 point

☐ Vrai   ☐ Faux

❺ Le mois de juin convient … 1,5 point

☐ A. aux journées à la plage.

☐ B. à la plongée.

☐ C. à l'observation des baleines.

❻ On peut observer les baleines au mois de janvier. 0,5 point

☐ Vrai ☐ Faux

EXERCICE 4 [8 points]

Vous lisez cette publicité sur un site Internet français.

Studyrama

Jour : **Vendredi 8 septembre 2023**
Lieu : **Cité Internationale Université de Paris –
Maison International**
Accès : **RER B & Tram T3 : arrêt Cité Universitaire**

OÙ S'INSCRIRE EN SEPTEMBRE ?

» De nombreux établissements de qualité proposent des places pour septembre. Retrouvez-les lors du salon Studyrama de Paris.

C'est le rendez-vous pour rencontrer les établissements qui recrutent encore en septembre de Bac à Bac +3. Inscriptions en direct du salon !

500 FORMATIONS DE BAC A BAC +3

▶ **Venez découvrir plus de 500 formations supérieures de Bac à Bac+3 :** écoles d'ingénieurs / d'ingénierie, écoles de Métiers, écoles et universités internationales…

　* **Devenir enseignant : Rendez-vous sur le stand du Ministère de l'Education nationale** Rencontrez le Ministère de l'Education nationale, de l'Enseignement supérieur et de la Recherche et découvrez les « Métiers de l'enseignement, de l'éducation et de la formation ». L'Education nationale recrute plus de 25 000 nouveaux enseignants.

POUR COMPLETER VOTRE VISITE

▶ **Un espace librairie riche d'ouvrages :** ouvrages de métier, guides de langue, d'orientation…

Pour répondre aux questions, cochez la bonne réponse.

❶ Cet article parle … 1 point

☐ A. de la rentrée scolaire.

☐ B. d'un salon des formations.

☐ C. d'un salon du livre.

❷ Que propose cette publicité ? 1,5 point

☐ A. Recruter des employés.

☐ B. Chercher une formation.

☐ C. Offrir un job étudiant.

❸ Pour qui est destiné cet évènement ? 2 points

☐ A. Tout le monde.

☐ B. Les lycéens ou les étudiants.

☐ C. Les enseignants.

❹ Comment peut-on s'inscrire ? 1,5 point

☐ A. Par Internet.

☐ B. Sur place.

☐ C. Par courrier.

❺ Dans le salon, on peut découvrir plus de 25 000 formations supérieures.
1 point

☐ Vrai   ☐ Faux

❻ Dans ce salon, vous pouvez acheter les livres sur les formations. 1 point

☐ Vrai   ☐ Faux

PARTIE 3

Production écrite 25 points

EXERCICE 1 13 points

Vous avez assisté aux vendanges près de Bordeaux. Décrivez cet événement à un ami français. (60 mots minimum)

EXERCICE 2 | 12 points |

Vous recevez cette invitation.

> Paris, le 22 mai 2023
>
> Chers amis,
>
> Nous serions très heureux si vous pouviez venir déjeuner pour fêter nos 10 ans de mariage, samedi 3 juin à 13 heures. Nous espérons que vous serez libres et que cette heure vous conviendra.
>
> Nous pouvons venir vous chercher à la gare dès le vendredi soir et vous héberger pour tout le week-end si vous le désirez.
>
> Au plaisir de vous revoir très prochainement. Nous attendons votre réponse.
>
> Amicalement
>
> Sylvie et Antoine

Vous leur répondez. Vous acceptez l'invitation et vous les remerciez. Vous vous renseignez sur les moyens de transport. (60 mots minimum)

PARTIE 4

Production orale [25 points]

L'épreuve comporte trois parties. La première partie se déroule sans préparation. Vous avez 10 minutes pour préparer les parties 2 et 3 (monologue suivi et exercice en interaction). Les 3 parties s'enchaînent.
1. Entretien dirigé (1 à 2 minutes)
2. Monologue suivi (2 minutes environ)
3. Exercice en interaction (3 à 4 minutes)

ENTRETIEN DIRIGÉ (1 minute 30 environ)

Après avoir salué votre examinateur, vous vous présentez (vous parlez de vous, de votre famille, de vos amis, de vos études, de vos goûts, des animaux que vous aimez, etc.).
L'examinateur vous posera des questions complémentaires.

MONOLOGUE SUIVI (2 minutes environ)

Vous tirez au sort 2 sujets et vous en choisissez 1. Vous vous exprimez sur le sujet. L'examinateur peut ensuite vous poser des questions pour vous aider.

Sujet 1 Livre

Lisez-vous les livres ? Quel genre de livres ?

Sujet 2 Promenade

Où vous promenez-vous ? Avec qui ?

Sujet 3 Animaux domestiques

Avez-vous un animal domestique ? Décrivez votre animal.

注：上記はテーマと質問の例です．受験者は，2 つのテーマを無作為に選び，そのうち1つについて発表します (p.37 参照)．

▌EXERCICE EN INTERACTION　(3 à 4 minutes environ)

Vous tirez au sort 2 sujets et vous en choisissez 1. Vous devez simuler un dialogue avec l'examinateur afin de résoudre une situation de la vie quotidienne. Vous montrez que vous êtes capable de saluer et d'utiliser les règles de politesse.

Sujet 1 Chez le fleuriste

Vous êtes invité(e) à un dîner par la famille de votre collègue. Vous voulez leur acheter des fleurs. Chez le fleuriste, vous posez des questions sur les fleurs.

L'examinateur joue le rôle du fleuriste.

Sujet 2 Chez le médecin

Vous avez mal à la gorge et 38 de fièvre. Vous allez chez le médecin et vous lui expliquez ce que vous avez.

L'examinateur joue le rôle du médecin.

Sujet 3 À la poste

Vous habitez en France. Dans 2 semaines, c'est les 60 ans de votre mère qui habite dans votre pays d'origine. Vous allez à la poste pour lui envoyer un cadeau. Vous posez des questions sur cet envoi (économie / prioritaire, frais, durée …).

L'examinateur joue le rôle de l'employé(e) de la poste.

注：上記はロールプレイングのテーマの例です．受験者は，2つのテーマを無作為に選び，そのうち1つについてロールプレイングをします（p.43 参照）.

PARTIE 1

Compréhension de l'oral ⟨25 points⟩

Ministère de l'éducation nationale, Centre international d'études pédagogiques. DELF niveau A2 du *Cadre européen commun de référence pour les langues,* épreuve orale collective.

Vous allez écouter plusieurs documents. Il y a 2 écoutes. Avant chaque écoute, vous entendez le son suivant : 🔊. Dans les exercices 1, 2 et 3, pour répondre aux questions, cochez (☒) la bonne réponse.

EXERCICE 1 ⟨6 points⟩

Vous écoutez des annonces publiques.

DOCUMENT 1

Lisez les questions. Écoutez le document puis répondez.

❶ Pourquoi la voiture doit être déplacée ?   1 point

☐ A. La place est réservée.

☐ B. Le parking n'est pas payé.

☐ C. Le parking est complet.

DOCUMENT 2

Lisez les questions. Écoutez le document puis répondez.

❷ Qu'est-ce que vous pouvez faire avec cette application ?   1 point

☐ A. Réserver une place à la bibliothèque.

☐ B. Connaître l'affluence en temps réel.

☐ C. Télécharger la liste des livres.

DOCUMENT 3
Lisez les questions. Écoutez le document puis répondez.

❸ Que s'est-il passé ?   1 point

☐ **A**   ☐ **B**   ☐ **C**

DOCUMENT 4
Lisez les questions. Écoutez le document puis répondez.

❹ Qui cherche-t-on ?   1 point

   ☐ A. Un médecin.

   ☐ B. Un malade.

   ☐ C. Une hôtesse de l'air.

DOCUMENT 5
Lisez les questions. Écoutez le document puis répondez.

❺ Qu'est-ce que vous devez faire ?   1 point

   ☐ A. Monter dans le bus.

   ☐ B. Avancer vers le fond du bus.

   ☐ C. Attendre le prochain bus.

DOCUMENT 6
Lisez les questions. Écoutez le document puis répondez.

❻ Durant la conférence, il est interdit de …   1 point

   ☐ A. Filmer.

   ☐ B. Téléphoner.

   ☐ C. Prendre des photos.

Vous écoutez la radio.

DOCUMENT 1

Lisez les questions. Écoutez le document puis répondez.

❶ Quand ce jardin a-t-il été rénové ?   1 point

☐ A. Ce week-end.

☐ B. Il y a deux ans.

☐ C. Il y a quatre ans.

❷ Combien de manèges y a-t-il ?   1 point

☐ A. 400.

☐ B. 40.

☐ C. 4.

DOCUMENT 2

Lisez les questions. Écoutez le document puis répondez.

❸ Combien de temps dure l'évènement ?   1 point

☐ A. Une journée.

☐ B. Une semaine.

☐ C. Un mois.

❹ Combien coûtent les crevettes ?   1 point

☐ A. 6 euros la douzaine.

☐ B. 12 euros le lot de deux kilos.

☐ C. 90 centimes chacune.

DOCUMENT 3

Lisez les questions. Écoutez le document puis répondez.

❺ Quel titre donnerez-vous à l'information principale ?   1 point

☐ A. Prudence au volant.

☐ B. Trafic très chargé.

☐ C. Accident de la circulation.

❻ La circulation sera difficile de Bourges jusqu'à Orléans …   1 point

     ☐ A. sur l'A 10.

     ☐ B. sur l'A 21.

     ☐ C. sur l'A 71.

▌ EXERCICE 3   6 points   13

Nous sommes le vendredi 11 août vers 16 heures. Votre enfant est malade. Vous téléphonez à votre médecin traitant. Vous écoutez ce message sur un répondeur téléphonique.

Lisez les questions. Écoutez le document puis répondez.

❶ Pourquoi le cabinet médical est-il fermé ?   1 point

     ☐ A. En raison des travaux.

     ☐ B. En raison de congés annuels.

     ☐ C. En raison de la maladie.

❷ Le cabinet sera ouvert de nouveau …   1 point

     ☐ A. le 15 août.

     ☐ B. le 18 août.

     ☐ C. le 21 août.

❸ Qui peut vous accueillir pendant la fermeture du cabinet ?   1 point

     ☐ A. Le docteur Thierry Chatillon.

     ☐ B. Le docteur Yves Chatillon.

     ☐ C. Personne.

❹ Si vous décidez d'attendre jusqu'à lundi prochain, vous téléphonerez au …

     ☐ A. Téléphoner au 04 82 45 12 20.   1,5 point

     ☐ B. Téléphoner au 04 91 89 13 20.

     ☐ C. Téléphoner au 15.

❺ Si vous avez besoin d'une consultation immédiate, que devez-vous faire ?

     ☐ A. Téléphoner au 04 82 45 12 20.   1,5 point

     ☐ B. Téléphoner au 04 91 89 13 20.

     ☐ C. Téléphoner au 15.

Vous écoutez 4 dialogues. Cochez pour associer chaque dialogue à la situation correspondante.
Attention : il y a 6 situations mais seulement 4 dialogues.
Lisez les situations. Écoutez les dialogues puis répondez.

	A. Être occupé(e)	**B.** Être en colère	**C.** Être grippé(e)	**D.** S'ennuyer	**E.** Être en retard	**F.** Être pressé(e)	
Dialogue 1	☐	☐	☐	☐	☐	☐	2 points
Dialogue 2	☐	☐	☐	☐	☐	☐	2 points
Dialogue 3	☐	☐	☐	☐	☐	☐	2 points
Dialogue 4	☐	☐	☐	☐	☐	☐	1 point

Compréhension des écrits   25 points

EXERCICE 1   6 points

Vous travaillez dans une agence de voyage en France.
Lisez ces renseignements.   1 point par réponse

---

❶ Air Italia   Direct   (1 h 40 min)
    17 h 50 → 19 h 30   De Paris à Florence

❷ Air France   Direct   (1 h 25 min)
    07 h 15 → 08 h 40   De Paris à Nice

❸ Air France   Direct   (11 h 15 min)
    Attention : Ce vol arrive le lendemain.
    15 h 20 → 07 h 35   De Paris à Bangkok [Thaïlande]

❹ Air Mauritius   Direct   (11 h)
    Attention : Ce vol arrive le lendemain.
    23 h 35 → 12 h 35   De Paris à MRU [île de Maurice]

❺ TAP Portugal   1 escale   (5 h 35 min)
    06 h 30 → 07 h 55   De Paris à Lisbonne *Escale de 1 h 30 min à Lisbonne
    09 h 25 → 11 h 05   De Lisbonne à Marrakech

❻ Compagnies aériennes multiples   2 escales   (24 h 50 min)
    Attention : Ce vol arrive le lendemain.
    20 h 20 → 22 h 30   De Paris à Madrid *Escale de 11 h 55 min à Madrid
    10 h 25 → 11 h 15   De Madrid à Casablanca *Escale de 8 h à Casablanca
    19 h 15 → 20 h 10   De Casablanca à Marrakech

Vous recevez des clients qui veulent partir à l'étranger, le 31 mars, pour les vacances de Pâques.
Associez chaque vol du départ au client correspondant.

Attention : il y a huit personnes mais seulement six vols.
Cochez une seule case pour chaque document.

	❶	❷	❸	❹	❺	❻
A. Lucie et Vincent veulent partir dans l'après-midi pour Nice.	☐	☐	☐	☐	☐	☐
B. Laura et Thomas aimeraient visiter plusieurs pays, même s'ils n'ont pas beaucoup de temps.	☐	☐	☐	☐	☐	☐
C. Avec deux petits enfants, Céline et Jean préfèrent aller en Italie avec un vol direct.	☐	☐	☐	☐	☐	☐
D. Nathalie et Jacques veulent aller en Égypte pour visiter les pyramides.	☐	☐	☐	☐	☐	☐
E. Stéphanie et Sébastien aimeraient visiter pour la première fois un pays asiatique.	☐	☐	☐	☐	☐	☐
F. Martine rêve depuis longtemps de passer une semaine sur une île tropicale.	☐	☐	☐	☐	☐	☐
G. Sylvie et Pascal ont l'intention d'aller à Marrakech, avec une escale maximum.	☐	☐	☐	☐	☐	☐
H. Marie et Nicolas ont l'intention de séjourner au bord de la mer en France.	☐	☐	☐	☐	☐	☐

EXERCICE 2 [6 points]

Vous êtes Sylvain Pasquier. Vous venez de recevoir ce courriel. Répondez aux questions.

De :	saint-jean-de-luzhotel@courriel.fr
À :	sylvain@courrier.fr
Objets :	Re : réservation de 2 chambres
Date :	le 09/07/2023 22h33

Bonjour,

Je vous remercie pour votre demande.
Voici le prix de la chambre demandée.
- 2 × chambre avec douche : 190 euros (2 nuits) = 380 euros.

Nous avons aussi une chambre familiale avec 1 lit double et 2 lits superposés. Cette chambre de 17m2 pour 4 personnes coûte 330 euros (2 nuits). Si vous désirez la prendre, veuillez nous appeler au 044 511 21 19 (de 7h à 22h).

Hôtel Saint-Jean-de-Luz

----- Original Message -----
De : sylvain@courrier.fr
A : saint-jean-de-luzhotel@courriel.fr
Date : le 09/07/2023 17:25
Objets : réservation de 2 chambres

Madame, Monsieur,

Dans le cadre d'un voyage professionnel dans votre ville, je souhaiterais réserver deux chambres avec douche pour 2 nuits : du 15 juillet au 17 juillet. Nous sommes 3 personnes.

Veuillez agréer, Madame, Monsieur, l'expression de mes sentiments les meilleurs.

Sylvain Pasquier

❶ Quel est l'objectif de ce courriel ?　　1 point
　　☐ A. Donner des informations.
　　☐ B. Demander le paiement.
　　☐ C. Remercier de la confirmation.

❷ Au début, que souhaitez-vous ?　　1 point
　　☐ A. une chambre.
　　☐ B. deux chambres.
　　☐ C. trois chambres.

❸ Qu'est-ce que l'hôtel propose ?　　1,5 point
　　☐ A. une chambre individuelle.
　　☐ B. une chambre plus grande.
　　☐ C. une chambre moins chère.

❹ Si vous décidez de choisir l'option la moins chère, vous devez payer …　　1,5 point
　　☐ A. 330 euros.
　　☐ B. 380 euros.
　　☐ C. 520 euros.

⑤ Qu'est-ce que l'hôtel demande de faire pour choisir l'option la moins chère ?

1 point

- ☐ A. De lui téléphoner.
- ☐ B. De lui répondre par e-mail.
- ☐ C. D'effectuer le paiement.

EXERCICE 3 6 points

Vous lisez cette page sur Internet. Répondez aux questions.

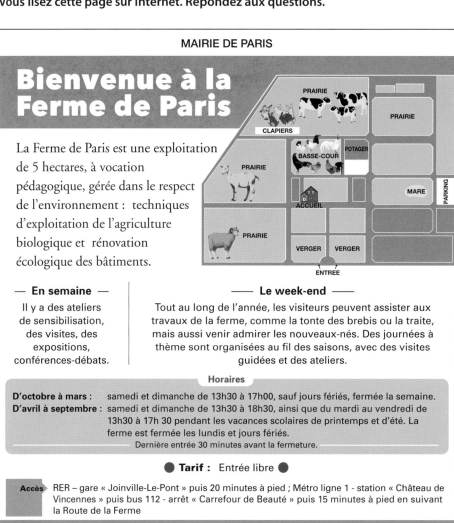

MAIRIE DE PARIS

Bienvenue à la Ferme de Paris

La Ferme de Paris est une exploitation de 5 hectares, à vocation pédagogique, gérée dans le respect de l'environnement : techniques d'exploitation de l'agriculture biologique et rénovation écologique des bâtiments.

— **En semaine** —

Il y a des ateliers de sensibilisation, des visites, des expositions, conférences-débats.

—— **Le week-end** ——

Tout au long de l'année, les visiteurs peuvent assister aux travaux de la ferme, comme la tonte des brebis ou la traite, mais aussi venir admirer les nouveaux-nés. Des journées à thème sont organisées au fil des saisons, avec des visites guidées et des ateliers.

Horaires

D'octobre à mars : samedi et dimanche de 13h30 à 17h00, sauf jours fériés, fermée la semaine.

D'avril à septembre : samedi et dimanche de 13h30 à 18h30, ainsi que du mardi au vendredi de 13h30 à 17h 30 pendant les vacances scolaires de printemps et d'été. La ferme est fermée les lundis et jours fériés.

Dernière entrée 30 minutes avant la fermeture.

● **Tarif :** Entrée libre ●

Accès RER – gare « Joinville-Le-Pont » puis 20 minutes à pied ; Métro ligne 1 - station « Château de Vincennes » puis bus 112 - arrêt « Carrefour de Beauté » puis 15 minutes à pied en suivant la Route de la Ferme

❶ Que propose cette publicité ?   1 point

☐ A. De visiter une ferme.

☐ B. De visiter un zoo.

☐ C. De visiter la mairie.

❷ Vous allez à la ferme un mardi en juin. À quelle activité pouvez-vous participer ?

☐ A. À la tonte des brebis.   1 point

☐ B. À une conférence-débat.

☐ C. À l'observation des nouveaux-nés.

❸ Un dimanche de mai, on peut entrer dans la ferme …   1 point

☐ A. jusqu'à 17h00.

☐ B. jusqu'à 17h30.

☐ C. jusqu'à 18h00.

❹ L'entrée à la ferme de Paris est gratuite.   1 point

☐ Vrai   ☐ Faux

❺ Dans la basse-cour de la ferme de Paris, il y a …   1 point

☐ A. des lapins.

☐ B. des vaches.

☐ C. des poulets.

❻ Quel est le transport public le plus proche de la Ferme de Paris ?   1 point

☐ A. « Château de Vincennes ».

☐ B. « Joinville-Le-Pont ».

☐ C. « Carrefour de Beauté ».

やや難

EXERCICE 4   7 points

Vous lisez cet article sur un site Internet français puis répondez aux questions.

Plus rapide, plus d'émotion

Aux États-Unis, selon un sondage conduit auprès de 1 400 Américains l'an dernier, un adulte sur quatre et un ado sur deux parlent à leur smartphone. La tendance mondiale, développée en Chine, est arrivée en France. Thomas Gayno a créé l'application qui permet d'envoyer des messages vocaux de 12 secondes. « On a d'abord cru à une spécificité culturelle réservée aux pays asiatiques dont les langues sont faites de milliers de caractères, mais cette application offre une saisie plus rapide, un message plus émotionnel, et moins de malentendus. »

« Moins de malentendus », car nous avons la tendance de décorer nos e-mails de tous les emojis possibles, mais le message écrit reste toujours ambigu. Selon l'auteur de cet article, mêmes vos plus proches amis ont du mal à découvrir l'ironie dans vos e-mails. « Les applications de messagerie sont trop indiscrètes », résume l'article qui considère le messagerie vocale comme la « solution idéale permettant de préserver l'intimité de la voix ».

❶ De quoi parle cet article ?   1.5 point
   ☐ A. De l'habitude de parler au téléphone.
   ☐ B. De l'utilisation des emojis dans les e-mails.
   ☐ C. Du développement des messages vocaux.

❷ Selon ce sondage, un adulte sur quatre écrit à son smartphone.   1 point
   ☐ Vrai   ☐ Faux

❸ D'où est venue cette messagerie vocale ?   1 point
   ☐ A. Des États-Unis.
   ☐ B. De Chine.
   ☐ C. De France.

❹ Thomas a créé l'application qui …   1 point
   ☐ A. envoie des messages vocaux.
   ☐ B. envoie des messages dotés d'emojis.
   ☐ C. est réservée aux pays asiatiques.

❺ Les messages vocaux sont plus émotionnels que les messages écrits.   1 point
   ☐ Vrai   ☐ Faux

❻ Vos plus proches amis ont du mal à découvrir l'ironie dans vos e-mails, car …
   ☐ A. le message écrit est ambigu.   1.5 point
   ☐ B. le message vocal est ambigu.
   ☐ C. la saisie est rapide.

Production écrite [25 points]

EXERCICE 1 [13 points]

Le week-end dernier, vous êtes allé(e) à l'opéra pour la première fois à Paris.
Racontez cette expérience à une amie française. (60 mots minimum)

_____

_____

_____

_____

_____

_____

_____

_____

_____

_____

Vous recevez cette carte d'invitation. Vous répondez à votre amie. Vous la remerciez pour cette invitation mais vous refusez. Vous lui expliquez pourquoi vous ne pouvez pas venir. (60 mots minimum)

Invitation

Céline LAFOND

vous invite à un cocktail
pour l'ouverture de sa boutique

Boutique Lafond

le vendredi 19 mai 2023 à partir de 19 heures.
50 rue Edouard Herriot, 69002, Lyon
R.S.V.P.

_____

_____

_____

_____

_____

_____

_____

_____

_____

_____

Production orale   25 points

L'épreuve comporte trois parties. La première partie se déroule sans préparation. Vous avez 10 minutes pour préparer les parties 2 et 3 (monologue suivi et exercice en interaction). Les 3 parties s'enchaînent.
  1. Entretien dirigé (1 à 2 minutes)
  2. Monologue suivi (2 minutes environ)
  3. Exercice en interaction (3 à 4 minutes)

ENTRETIEN DIRIGÉ   (1 minute 30 environ)

Après avoir salué votre examinateur, vous vous présentez (vous parlez de vous, de votre famille, de vos amis, de vos études, de vos goûts, des animaux que vous aimez, etc.).
L'examinateur vous posera des questions complémentaires.

MONOLOGUE SUIVI   (2 minutes environ)

Vous tirez au sort 2 sujets et vous en choisissez 1. Vous vous exprimez sur le sujet. L'examinateur peut ensuite vous poser des questions pour vous aider.

Sujet 1   Télévision

Regardez-vous la télévision ? Combien de fois par semaine ?

Sujet 2   Week-end

Que faites-vous pendant le week-end ?

Sujet 3   Internet

Utilisez-vous Internet ? Pourquoi ?

EXERCICE EN INTERACTION (3 à 4 minutes environ)

Vous tirez au sort 2 sujets et vous en choisissez 1. Vous devez simuler un dialogue avec l'examinateur afin de résoudre une situation de la vie quotidienne. Vous montrez que vous êtes capable de saluer et d'utiliser les règles de politesse.

Sujet 1 Cadeau

Votre meilleure amie vient d'avoir un enfant. Vous allez dans un magasin de jouets pour lui faire un cadeau de naissance. Vous posez des questions au vendeur.

L'examinateur joue le rôle du vendeur.

Sujet 2 Cours d'été

Vous voulez prendre des cours d'été à une école de langue française à Lyon pour la préparation du DELF. Vous allez directement au secrétariat de l'école, et posez des questions sur l'inscription (période, frais, niveau …).

L'examinateur joue le rôle du secrétaire.

Sujet 3 Logement

Vous avez besoin d'un nouveau logement pour votre couple. Vous visitez un appartement à louer. Vous posez des questions à l'agent immobilier sur l'appartement (nombre de pièces, loyer, charges …).

L'examinateur joue le rôle de l'agent immobilier.

nº**3** 模擬試験問題

PARTIE 1

Compréhension de l'oral [25 points] ¹⁵

Ministère de l'éducation nationale, Centre international d'études pédagogiques.
DELF niveau A2 du *Cadre européen commun de référence pour les langues,* épreuve
orale collective.

Vous allez écouter plusieurs documents. Il y a 2 écoutes. Avant chaque écoute, vous
entendez le son suivant : 🔊. Dans les exercices 1, 2 et 3, pour répondre aux
questions, cochez (☒) la bonne réponse.

EXERCICE 1 [6 points] ¹⁶

Vous écoutez des annonces publiques.

DOCUMENT 1

Lisez les questions. Écoutez le document puis répondez.

❶ Qu'est-ce que vous devez faire ?   1 point

☐ A   ☐ B   ☐ C

DOCUMENT 2

Lisez les questions. Écoutez le document puis répondez.

❷ Comment pouvez-vous obtenir plus d'informations ?   1 point

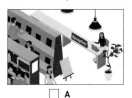      

☐ A   ☐ B   ☐ C

DOCUMENT 3

Lisez les questions. Écoutez le document puis répondez.

❸ Où peut-on entendre ce message ?   1 point

☐ A   ☐ B   ☐ C

DOCUMENT 4

Lisez les questions. Écoutez le document puis répondez.

❹ À quelle heure le magasin ferme-t-il aujourd'hui ?   1 point

☐ A. À 12h30.
☐ B. À 17h30.
☐ C. À 17h45.

DOCUMENT 5

Lisez les questions. Écoutez le document puis répondez.

❺ Qu'est-ce que vous devez faire ?   1 point

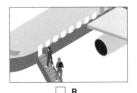
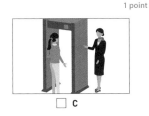

☐ A   ☐ B   ☐ C

DOCUMENT 6

Lisez les questions. Écoutez le document puis répondez.

❻ Dans les salles des collections permanentes, il est interdit de ...   1 point

☐ A. de photographier.
☐ B. de filmer.
☐ C. d'utiliser le flash.

Vous écoutez la radio.

DOCUMENT 1

Lisez les questions. Écoutez le document puis répondez.

❶ Choisissez la bonne réponse concernant la circulation des trains pendant cette période.   1 point

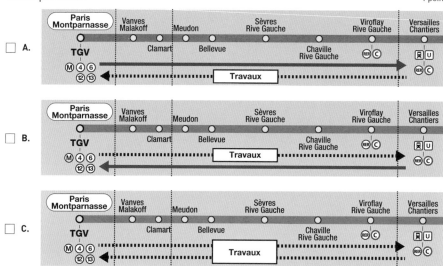

❷ Quand la circulation des trains va se normaliser ?   1 point

☐ A. Le 13 janvier.

☐ B. Le 14 janvier.

☐ C. Le 15 janvier.

DOCUMENT 2

Lisez les questions. Écoutez le document puis répondez.

❸ Où se déroule cet événement ?   1 point

☐ A. Devant un public.

☐ B. En direct à la télé.

☐ C. En direct sur Internet.

❹ Pour y participer, qu'est-ce que vous pouvez envoyer ? 1 point

    ☐ A. Une chanson sur l'océan.

    ☐ B. Une photo de l'océan.

    ☐ C. Un roman sur l'océan.

DOCUMENT 3

Lisez les questions. Écoutez le document puis répondez.

❺ Le thème principal de ce document est … 1 point

    ☐ A. la hausse de l'euro.

    ☐ B. l'augmentation du prix du tabac.

    ☐ C. l'augmentation des impôts.

❻ Le prix de certains paquets de la marque américaine sera de … 1 point

    ☐ A. 6,90 euros.

    ☐ B. 7 euros.

    ☐ C. 15 euros.

EXERCICE 3 | 6 points | 18

Vous habitez en France.
Vous avez reçu un message sur votre répondeur téléphonique.
Lisez les questions. Écoutez le document puis répondez.

❶ Quel est ce message ? 1 point

    ☐ A. Une publicité pour une voiture.

    ☐ B. Une demande de réparation.

    ☐ C. Un message du garage.

❷ Qui parle ? 1 point

    ☐ A. Un ami.

    ☐ B. Un garagiste.

    ☐ C. Un collègue.

❸ Que s'est-il passé il y a trois jours ? 1 point

    ☐ A. Votre voiture ne fonctionnait plus.

    ☐ B. Vous avez eu un accident.

    ☐ C. Votre voiture a disparu.

❹ Vous allez rappeler pour … 1 point

    ☐ A. préciser le jour et l'heure de votre arrivée.

    ☐ B. demander quand ce monsieur souhaite venir.

    ☐ C. demander combien coûte cette réparation.

❺ Après avoir téléphoné, que devez-vous faire ? 1 point

    ☐ A. Aller chez « FeuVert » en transport en commun.

    ☐ B. Aller louer une voiture.

    ☐ C. Aller chercher votre voiture.

❻ Le « FeuVert » ferme à … 1 point

    ☐ A. 17h30.

    ☐ B. 18h30.

    ☐ C. 19h30.

EXERCICE 4 　7 points　 🎧 19

Vous écoutez 4 dialogues. Cochez pour associer chaque dialogue à la situation correspondante.
Attention : il y a 6 situations mais seulement 4 dialogues.
Lisez les situations. Écoutez les dialogues puis répondez.

	A. Expliquer une absence	**B.** Rencontrer une vieille amie	**C.** Accepter des excuse	**D.** Prendre un congé	**E.** Prendre un rendez-vous	**F.** Chercher un itinéraire	
Dialogue 1	☐	☐	☐	☐	☐	☐	2 points
Dialogue 2	☐	☐	☐	☐	☐	☐	2 points
Dialogue 3	☐	☐	☐	☐	☐	☐	2 points
Dialogue 4	☐	☐	☐	☐	☐	☐	1 point

Compréhension des écrits [25 points]

EXERCICE 1 [6 points]

 ❶

 ❷

 ❸

 ❹

 ❺

 ❻

 ❼

 ❽

Associez chaque paneau à la phrase correspondante.
Attention : il y a huit panneaux mais seulement six documents.
Cochez une seule case pour chaque document. [1 point par réponse]

	❶	❷	❸	❹	❺	❻	❼	❽
A. Il faut acheter maintenant. C'est moins cher.	☐	☐	☐	☐	☐	☐	☐	☐
B. On doit faire attention à sa vitesse.	☐	☐	☐	☐	☐	☐	☐	☐
C. Seuls les habitants peuvent stationner ici.	☐	☐	☐	☐	☐	☐	☐	☐
D. On ne doit pas tourner à droite.	☐	☐	☐	☐	☐	☐	☐	☐
E. Il faut faire attention à ne pas tomber.	☐	☐	☐	☐	☐	☐	☐	☐
F. Il est interdit de stationner ici.	☐	☐	☐	☐	☐	☐	☐	☐

Vous travaillez à l'office du tourisme d'Annecy en France. Vous venez de recevoir ce courriel. Répondez aux questions.

De :	Nadine Meyer
À :	officedutourismeannecy@courrier.fr
Objet :	
Date :	le 15/05/2023

Madame, Monsieur,

Bonjour. J'ai l'intention de séjourner dans votre ville cet été, du lundi 31 juillet au dimanche 20 août. Je vous écris pour vous poser quelques questions.

Tout d'abord, j'aimerais bien obtenir des informations sur les randonnées aux alentours d'Annecy. On m'a déjà recommandé la randonnée du Mont-Baron. Est-ce qu'il y a d'autres randonnées à ne pas manquer ? Et l'accès à Chamonix est-il compliqué ? Par ailleurs, est-ce que c'est facile de se rendre dans les villes voisines en Suisse notamment Genève et Lausanne ? Enfin, auriez-vous l'obligeance de me faire parvenir le programme des événements d'août (surtout la fête du lac) ainsi que la liste des hôtels de la ville ?

Dans l'attente d'une réponse rapide, je vous prie agréer, Madame, Monsieur, l'expression de mes sentiments distingués.

Nadine Meyer
Adresse : Dieselstrasse 19
12057 Berlin
Tel : (0163) 8800502

❶ Pendant combien de temps Nadine va-t-elle séjourner à Annecy ?   1 point

☐ A. une semaine.

☐ B. deux semaines.

☐ C. trois semaines.

❷ Quel est l'objectif de ce courriel ? 1 point

   ☐ A. Confirmer une réservation.

   ☐ B. Réserver un hôtel.

   ☐ C. Obtenir des informations.

❸ Qu'est-ce que Nadine veut faire à Annecy ? 1 point

   ☐ A   ☐ B   ☐ C

❹ On a déjà recommandé à Nadine de … 1 point

   ☐ A. faire l'ascension du Mont-Baron.

   ☐ B. gravir le Mont Blanc à Chamonix.

   ☐ C. visiter Genève et Lausanne.

❺ En réponse, qu'allez-vous faire parvenir à Nadine ? 1 point

   ☐ A. Le plan des villes voisines.

   ☐ B. Le programme des événements.

   ☐ C. Le billet pour la fête du lac.

❻ Que se passe-t-il à Annecy en août ? 1 point

   ☐ A. La fête des Lumières.

   ☐ B. La fête du lac.

   ☐ C. Un festival de films d'animation.

Lisez le texte puis répondez aux questions.

Cyclo Club Pyrénées Fédération française de Cyclotourisme

Faire du vélo ensemble, dans la convivialité

Notre club
◎ Une sortie est organisée chaque dimanche matin, de 50 à 100km, en fonction du niveau des participants.
◎ Une petite sortie a également lieu le samedi matin et le mercredi matin. Notre point de rendez-vous se trouve devant l'Office du Tourisme (Place du Champ de Mars).
◎ Chaque année, le week-end de Pentecôte est l'occasion de découvrir une région de France durant 3 jours en famille. Chacun peut pratiquer l'activité qu'il souhaite : tourisme, bronzage au bord de la piscine, vélo de route, VTT, ...
◎ Un moment fort du club est l'organisation de la « Randonnée des Moulins » : randonnée de route, VTT, et marche rassemblant 300 participants. Cette journée est clôturée par un chaleureux repas.

L'adhésion annuelle à partir de 60€ pour un adulte vous permet de participer à l'ensemble des sorties organisées (adhésion à la FFCT et assurances incluses).
Nous pouvons vous accueillir durant toute l'année, contactez-nous.

Adhésion au club 2023
Vous souhaitez adhérer à notre club ? Il n'y a pas de date limite. Contactez-nous, nous sommes à votre disposition.
Téléchargez les documents à compléter et à nous remettre (obligatoire) :
- Télécharger la "Fiche individuelle d'adhésion".
- Un certificat médical de moins de 4 mois.

Informations complémentaires à propos de l'assurance : *Cliquez ici*

❶ Quel est l'objectif de ce site Internet ?   0,5 point
  ☐ A. Faire de la publicité pour des vélos.
  ☐ B. Présenter un club de vélo.
  ☐ C. Donner des informations sur la région.

❷ Les sorties de vélo ont lieu seulement le dimanche.   0,5 point
  ☐ Vrai   ☐ Faux

❸ Où est le rendez-vous des sorties ?   1,5 point
  ☐ A. Devant le club Pyrénées.
  ☐ B. Devant l'Office du Tourisme.
  ☐ C. Sur la Place des Moulins.

❹ Avec la « Randonnée des Moulins », on peut faire …   1,5 point

☐ A   ☐ B   ☐ C

❺ Pour l'adhésion au club, un certificat médical est indispensable.   0,5 point
  ☐ Vrai   ☐ Faux

❻ Pour obtenir la fiche d'adhésion, il faut …   1,5 point
  ☐ A. téléphoner
  ☐ B. la télécharger
  ☐ C. écrire un e-mail

やや難
EXERCICE 4   7 points

Lisez cet article sur un site Internet français puis répondez aux questions.

Les dangers du téléphone

  Conduire tout en envoyant un message est dangereux. La Sécurité routière lance ce mardi une campagne d'affichage contre les « distracteurs de conduite ». Ces affiches seront mises au dos des bus pour déconseiller d'envoyer un message tout en conduisant. Selon une recherche, 42% des automobilistes déclarent utiliser leur téléphone en conduisant (contre 25% l'an dernier).

Parmi eux, 36% utilisent leur téléphone portable pour passer ou recevoir des appels et 29% pour envoyer des messages, contre 15% l'année précédente.

Les Français semblent de moins en moins conscients des risques qu'ils courent : « Il y a dix ans, 90% d'entre eux considéraient qu'il était dangereux de téléphoner en conduisant, contre 51% aujourd'hui », déclare la directrice de l'Association Prévention routière.

Depuis juillet, il est interdit de conduire en téléphonant à l'aide d'un kit mains libres. Si le conducteur est pris sur le fait, il risque un retrait de 3 points de permis et 135€ d'amende.

❶ Le sujet général du texte porte sur … :   0,5 point
   ☐ A. le danger d'écrire un texto.
   ☐ B. le danger de téléphoner en conduisant.
   ☐ C. le danger du kit mains libres.

❷ Le mot « distracteur » désigne … :   1,5 point
   ☐ A. le bus.
   ☐ B. le téléphone portable.
   ☐ C. la police.

❸ Quel est le pourcentage actuel d'automobilistes français qui utilisent leur téléphone en conduisant ?   1,5 point
   ☐ A. 25%
   ☐ B. 36%
   ☐ C. 42%

❹ Par rapport aux chiffres de l'an dernier, les chiffres du sondage …   1,5 point
   ☐ A. ont beaucoup diminué.
   ☐ B. ont beaucoup augmenté
   ☐ C. stagnent.

❺ Les Français sont suffisamment conscients des risques qu'ils courent en téléphonant au volant.   1 point
    ☐ Vrai   ☐ Faux

❻ Si vous téléphonez en conduisant, vous risquez une amende de 135 euros.
    ☐ Vrai   ☐ Faux   1 point

Production écrite 25 points

EXERCICE 1 13 points

Avant, vous habitiez dans la banlieue. Il y a quelques jours, vous avez emménagé dans un nouveau quartier du centre-ville. Décrivez ce quartier à un ami français (magasins, transport en commun, parc ...). (60 mots minimum)

_____

_____

_____

_____

_____

_____

_____

_____

_____

_____

_____

Vous recevez ce message d'amis français. Vous répondez à vos amis. Vous les remerciez pour cette invitation, et vous acceptez. Vous demandez des informations sur les activités à faire en cette saison. (60 mots minimum)

De : Charlotte@freefrance.com
Date : le 2 mars 2023
Objets : invitation

Salut !
Nous t'avions promis de t'inviter à passer une semaine avec nous dans notre résidence secondaire sur la Côte d'Azur. Ça sera la semaine du 10 avril (vacances de Pâques). Adèle et Amandine m'ont promis d'être des nôtres. Avec le beau temps annoncé, c'est l'occasion parfaite.
Alors on t'attend avec impatience pour te faire découvrir le charme de la région méditerranéenne. R.S.V.P. avant le 13 mars.

À très vite,
Charlotte et Michaël

_____
_____
_____
_____
_____
_____
_____
_____
_____
_____

Production orale   25 points

L'épreuve comporte trois parties. La première partie se déroule sans préparation. Vous avez 10 minutes pour préparer les parties 2 et 3 (monologue suivi et exercice en interaction). Les 3 parties s'enchaînent.
1. Entretien dirigé (1 à 2 minutes)
2. Monologue suivi (2 minutes environ)
3. Exercice en interaction (3 à 4 minutes)

ENTRETIEN DIRIGÉ   (1 minute 30 environ)

Après avoir salué votre examinateur, vous vous présentez (vous parlez de vous, de votre famille, de vos amis, de vos études, de vos goûts, des animaux que vous aimez, etc.).
L'examinateur vous posera des questions complémentaires.

MONOLOGUE SUIVI   (2 minutes environ)

Vous tirez au sort 2 sujets et vous en choisissez 1. Vous vous exprimez sur le sujet. L'examinateur peut ensuite vous poser des questions pour vous aider.

Sujet 1 Sport

Faites-vous du sport ? Quand et comment ?

Sujet 2 Portable

Utilisez-vous souvent votre portable ? Pour faire quoi ?

Sujet 3 Faire des achats

Où est-ce que vous faites des achats ? Quand ?

Vous tirez au sort 2 sujets et vous en choisissez 1. Vous devez simuler un dialogue avec l'examinateur afin de résoudre une situation de la vie quotidienne. Vous montrez que vous êtes capable de saluer et d'utiliser les règles de politesse.

Sujet 1 Ordinateur

L'ordinateur à la maison est tombé en panne. Vous allez au magasin où vous l'aviez acheté pour demander si vous pouvez bénéficier de la garantie. Si la garantie ne marche pas, vous achetez un nouvel ordinateur.

L'examinateur joue le rôle de l'employé de magasin.

Sujet 2 Billets d'avion

Vous habitez avec votre famille à Paris. Vous voulez aller en Corse pour les vacances d'été. Vous allez dans une agence de voyage pour acheter les billets d'avion. Vous posez des questions sur ce vol (prix, aéroport ...).

L'examinateur joue le rôle de l'agent de voyage.

Sujet 3 Nouveau travail

Vous allez commencer un nouveau travail aujourd'hui. Vous posez des questions sur le travail au directeur.

L'examinateur joue le rôle du directeur.

PARTIE 1

Compréhension de l'oral 〔25 points〕

Ministère de l'éducation nationale, Centre international d'études pédagogiques. DELF niveau A2 du *Cadre européen commun de référence pour les langues*, épreuve orale collective.

Vous allez écouter plusieurs documents. Il y a 2 écoutes. Avant chaque écoute, vous entendez le son suivant : 🔊. Dans les exercices 1, 2 et 3, pour répondre aux questions, cochez (⊠) la bonne réponse.

▌ EXERCICE 1 〔6 points〕

Vous écoutez des annonces publiques.

DOCUMENT 1

Lisez les questions. Écoutez le document puis répondez.

❶ Pendant le spectacle, il est interdit …   1 point

   ☐ A. d'aller à sa place.

   ☐ B. de boire de l'eau.

   ☐ C. de téléphoner.

DOCUMENT 2

Lisez les questions. Écoutez le document puis répondez.

❷ De quel évènement parle cette annonce ?   1 point

   ☐ A   ☐ B   ☐ C

DOCUMENT 3

Lisez les questions. Écoutez le document puis répondez.

❸ Qu'est-ce que vous pouvez acheter avec une réduction de 15% ?   1 point

☐ A ☐ B ☐ C

DOCUMENT 4

Lisez les questions. Écoutez le document puis répondez.

❹ Comment sortez-vous de la gare ?   1 point

☐ A. Vous prenez la passerelle.

☐ B. Vous traversez les voies ferrées.

☐ C. Vous prenez le passage souterrain.

DOCUMENT 5

Lisez les questions. Écoutez le document puis répondez.

❺ Où devez-vous mettre votre bagage à main ?   1 point

☐ A. Devant l'issue de secours.

☐ B. Dans les coffres à bagage.

☐ C. À portée de main.

DOCUMENT 6

Lisez les questions. Écoutez le document puis répondez.

❻ Où peut-on entendre ce message ?   1 point

☐ A ☐ B ☐ C

EXERCICE 2 6 points 22

Vous écoutez la radio.

DOCUMENT 1

Lisez les questions. Écoutez le document puis répondez.

❶ Quelle est l'activité proposée par la ville de Paris ?   1 point

   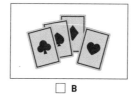   

☐ A   ☐ B   ☐ C

❷ Combien de temps dure la campagne d'inscription ?   1 point
- ☐ A. Une journée.
- ☐ B. Une semaine.
- ☐ C. Un mois.

DOCUMENT 2

Lisez les questions. Écoutez le document puis répondez.

❸ Combien de temps dure l'événement ?   1 point
- ☐ A. Une semaine.
- ☐ B. Deux semaines.
- ☐ C. Trois semaines.

❹ Dans le cadre de cet événement, vous pouvez …   1 point
- ☐ A. observer un loup-garou.
- ☐ B. rencontrer une sirène.
- ☐ C. participer à des ateliers créatifs.

DOCUMENT 3

Lisez les questions. Écoutez le document puis répondez.

❺ Combien de kilomètres reste-il avant que ce morceau de glace ne se détache ?   1 point
- ☐ A. 6 km.
- ☐ B. 13 km.
- ☐ C. 17 km.

❻ Où se déroule cette histoire ? 1 point

    ☐ A. au Royaume-Uni.

    ☐ B. en Antarctique.

    ☐ C. en Indonesie.

▌EXERCICE 3   ⌐6 points¬   ²³

Vous travaillez dans une école informatique.
Vous écoutez ce message sur un répondeur téléphonique.
Lisez les questions. Écoutez le document puis répondez.

❶ Quel genre de cours demande Monsieur Simon ? 1 point

    ☐ A. Des cours de langues.

    ☐ B. Des cours d'informatique.

    ☐ C. Des cours de comptabilité.

❷ Quand une nouvelle agence sera-t-elle ouverte ? 1 point

    ☐ A. Dans un mois.

    ☐ B. Dans deux mois.

    ☐ C. Dans six mois.

❸ Pour combien de personnes devez-vous donner des cours ? 1 point

    ☐ A. Trois personnes.

    ☐ B. Quatre personnes.

    ☐ C. Six personnes.

❹ Où devez-vous donner des cours ? 1 point

    ☐ A. Chez « Voyage Express ».

    ☐ B. Dans votre école.

    ☐ C. Via Internet.

❺ Quand devez-vous commencer vos cours ? 1 point

    ☐ A. La semaine prochaine.

    ☐ B. Dans un mois.

    ☐ C. Dans deux mois.

❻ Vous devez …   1 point

    ☐ A. téléphoner à

    ☐ B. attendre un appel de } Monsieur Simon.

    ☐ C. envoyer un e-mail à

EXERCICE 4 [7 points] ⌒24

Vous écoutez 4 dialogues. Cochez pour associer chaque dialogue à la situation correspondante.

Attention : il y a 6 situations mais seulement 4 dialogues.

Lisez les situations. Écoutez les dialogues puis répondez.

	A. Tirer de l'argent	B. Commander les plats	C. Amener sa femme en ville	D. Prendre rendez-vous	E. Demander les urgences	F. Appeler un taxi	
Dialogue 1	☐	☐	☐	☐	☐	☐	2 points
Dialogue 2	☐	☐	☐	☐	☐	☐	2 points
Dialogue 3	☐	☐	☐	☐	☐	☐	2 points
Dialogue 4	☐	☐	☐	☐	☐	☐	1 point

Compréhension des écrits   25 points

EXERCICE 1   やや難   6 points

Vous travaillez dans l'office de tourisme à Toulouse, et vous recevez des touristes étrangers qui veulent visiter le Canal du Midi. Choisissez le trajet qui correspond le mieux à chaque touriste.   1 point par réponse

---

DOCUMENT 1

❶ **Louer un bateau une semaine (sans permis) :**

Vous pouvez louer un bateau pendant une semaine. Vous naviguez de la base de départ jusqu'à la base d'arrivée. Il est possible de stationner le long des rives du canal. Les locations se font sans permis.

DOCUMENT 2

❷ **Faire une croisière à la demi-journée ou à la journée**

Nombreuses sont les sociétés qui proposent de faire découvrir une partie du Canal du Midi sur une demi-journée ou une journée. Cela permet de se promener à moindre coût, sur une période courte et sans soucis de navigation.

DOCUMENT 3

❸ **Voyage avec son propre bateau.**

Vous pouvez bien sûr naviguer avec votre bateau personnel sur le Canal du Midi. Les propriétaires de bateaux devront être titulaire du permis fluvial pour pouvoir naviguer sur les canaux français.

DOCUMENT 4

❹ **Visiter le canal du midi en vélo.**

Les 700 km du parcours passent par le canal et ses écluses. Le Canal du Midi à vélo est l'un des plus beaux parcours cyclables du Sud de la France. Il existe des services de transport des bagages.

DOCUMENT 5

❺ Se laisser conduire en péniche-hôtel

Il est aussi possible de passer quelques jours sur une vraie péniche de luxe incluant tous les services à bord comme dans un hôtel, y compris le pilotage qui sera assuré par un membre de l'équipage.

DOCUMENT 6

❻ Visiter le musée du Canal du Midi

Si vous êtes amateurs de l'histoire, vous pouvez visiter le musée du Canal du Midi qui propose, sur six salles, les principales étapes de la construction, l'histoire et le fonctionnement du Canal du Midi.

Cochez une seule case pour chaque document.

	❶	❷	❸	❹	❺	❻
A. Marie et Jonathan veulent connaître mieux le fondateur et l'histoire du canal du Midi.	☐	☐	☐	☐	☐	☐
B. Céline et Sébastien n'ont qu'une journée, mais ils aimeraient visiter en bateau.	☐	☐	☐	☐	☐	☐
C. Brigitte et Philippe viennent d'acheter un bateau de plaisance et d'obtenir le permis fluvial.	☐	☐	☐	☐	☐	☐
D. Pour fêter leurs 40 ans de mariage, Catherine et Michel voudraient faire un voyage de luxe.	☐	☐	☐	☐	☐	☐
E. Justine et Kévin adorent faire du vélo. Ils ont l'intention d'en faire le long du Canal du Midi.	☐	☐	☐	☐	☐	☐
F. Maxime rêve depuis longtemps de passer une semaine sur une péniche avec ses amis.	☐	☐	☐	☐	☐	☐

EXERCICE 2 · 6 points

Lisez ces deux courriels. Répondez aux questions.

❏ **courriel [A]**

De :	sébastien-aubry@mail.fr
À :	gilles-bouvier@courrier.fr
Objets :	Re : Re : rendez-vous du 24 mai
Date :	le 24/05/2023 11:53

Cher Gilles,

Excuse-moi, j'ai une urgence avec un projet de notre Institut. Je n'arriverai pas à venir ce soir. Tu peux me confirmer par e-mail que tu as vu ce message à temps ? Je suis vraiment désolé …

On essaie de se voir le mardi 30 mai en fin de journée ? Dis-moi l'heure que tu préfères.

Amitiés,

Sébastien

❏ **courriel [B]**

----- Original Message -----
De : gilles-bouvier@courrier.fr
À : sébastien-aubry@mail.fr
Date : le 18/05/2023 16h25
Objets : Re : rendez-vous du 24 mai

Salut Sébastien,

D'accord pour le soir du mercredi 24 mai à la brasserie « La Petite Reine ».

Mon travail finit à 18h le mercredi. On se verra à 19h.

Bonne fin de semaine, et à bientôt !

Gilles

❶ Le mercredi 24 mai, Sébastien et Gilles ont un rendez-vous … 1 point
- ☐ A. en fin de journée.
- ☐ B. à 18 heures.
- ☐ C. à 19 heures.

❷ Quelle est la relation entre Sébastien et Gilles ? 1 point
- ☐ A. Ils sont de la même famille.
- ☐ B. Ce sont un commerçant et son client.
- ☐ C. Ils sont amis.

❸ Quel est l'objectif du rendez-vous ? 1 point
- ☐ A. Un rendez-vous d'affaires.
- ☐ B. Un rendez-vous amical.
- ☐ C. Un rendez-vous familial.

❹ Qu'est-ce que Sébastien demande à Gilles de faire pour confirmer ? 1,5 point
- ☐ A. De lui répondre par e-mail.
- ☐ B. De lui répondre par téléphone.
- ☐ C. De venir à son bureau.

❺ Sébastien propose de … 1,5 point
- ☐ A. se voir lendemain.
- ☐ B. changer de restaurant.
- ☐ C. reporter le rendez-vous au mardi 30 mai.

EXERCICE 3 `6 points`

Lisez le texte puis répondez aux questions.

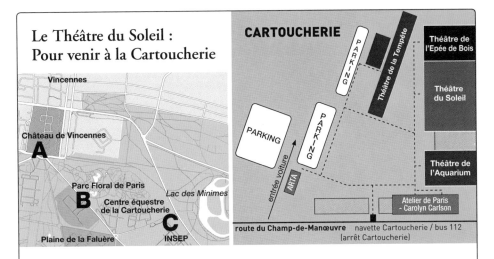

Afin d'éviter les embouteillages qui sont fréquents, y compris dans le bois de Vincennes, notamment le samedi et le dimanche, nous vous conseillons d'utiliser autant que possible les transports en commun :

☐ **En métro :** « Château de Vincennes », sortie en tête de train vers la gare d'autobus où notre navette (gratuite, qui vous attend juste derrière la station de taxi) fait son premier voyage 1h avant le début du spectacle ; elle tourne ensuite régulièrement jusqu'à son dernier passage, 10 minutes avant le début du spectacle. Pour nos amis étrangers peu familiers de notre langue, le mot navette ne désigne pas ici un petit bateau, mais un autobus avec une pancarte « Cartoucherie » qui fait plusieurs voyages aller-retour avant et après le spectacle.

☐ **Bus 112**
Il circule toutes les 20mn. Descendre à l'arrêt Cartoucherie (en zone 3).

Vous pouvez calculer votre itinéraire RATP **en suivant ce lien** (inscrivez CARREFOUR DE LA PYRAMIDE, PARIS pour l'adresse d'arrivée).

☐ **En vélib'*** : Déposez votre vélib' en face de l'entrée principale du Parc Floral, route de la Pyramide. Puis 9 minutes à pied pour rejoindre la Cartoucherie.

❑ **En voiture** (si vous ne pouvez vraiment pas vous en passer !!!) Esplanade du Château de Vincennes puis suivre la signalisation. Un parking arboré (et gratuit …) est à votre disposition à l'intérieur de la Cartoucherie.

* Vélib' 「ヴェリブ」はパリの便利なレンタルサイクル（システム）.

❶ De quoi parle ce site ?   1,5 point
- ☐ A. Du moyen d'accès au théâtre.
- ☐ B. De la présentation d'une pièce théâtrale.
- ☐ C. D'une publicité pour la navette.

❷ Où est-ce que la navette vous attend ?   1,5 point
- ☐ A. Devant l'arrêt d'autobus.
- ☐ B. Juste derrière la station de taxi.
- ☐ C. Devant le parking.

❸ Si vous venez en vélib', où devez-vous stationner ?   2 points
- ☐ A.
- ☐ B.
- ☐ C.

❹ Venir en voiture est interdit.   0,5 point
     ☐ Vrai   ☐ Faux

❺ Il y a un parking à l'intérieur de la Cartoucherie.   0,5 point
     ☐ Vrai   ☐ Faux

EXERCICE 4 `7 points`

Vous lisez cet article sur un site Internet français. Répondez aux questions.

Un million de foyers locataires souffrent du froid chez eux

« On n'allume le radiateur que dans les chambres et nous avons toujours froid dans le reste de l'appartement. C'est à cause de la mauvaise isolation des murs et des radiateurs qui consomment beaucoup. » Comme Clémence, un million de locataires sont victimes de précarité énergétique. Et, 20% des locataires déclarent avoir « souvent froid », contre 5% des propriétaires.

Pour se réchauffer, quand « rester sous la couette » ou boire « du thé brûlant » ne suffit plus, certains font marcher à fond les radiateurs. La facture d'électricité devient alors astronomique. Aurélie a payé 1 600 euros à la fin de l'hiver dans son appartement. Quant à Lucas, il souhaite changer de logement. Mais « c'est difficile de changer, car je suis handicapé et sans emploi ». Il continue : « Je sais bien qu'il y a des gens plus défavorisés que moi, comme les SDF*, par exemple. Mais si je peux un jour vivre dans un meilleur logement, je serais heureux. »

[*20 Minutes*, Lundi 19 février 2018 (modifié)]

*Sans domicile fixe

❶ Le sujet général du texte porte sur …   0,5 point
☐ A. les hivers rudes.
☐ B. les coûts élevés des loyers.
☐ C. la précarité énergétique.

❷ Clémence n'allume le radiateur que dans sa chambre à cause …   1,5 point
☐ A. de son radiateur qui ne fonctionne pas très bien.
☐ B. de la mauvaise isolation des murs.
☐ C. des coupures d'électricité.

❸ Les locataires déclarent avoir « souvent froid » 15% de plus que les propriétaires.   1 point
☐ Vrai   ☐ Faux

❹ Pour se réchauffer, il suffit de rester sous la couette ou de boire du thé brûlant.

☐ Vrai   ☐ Faux

❺ Aurélie a payé 1 600 euros ...

☐ A. pour la facture d'électricité.

☐ B. pour le loyer.

☐ C. pour acheter un autre radiateur.

❻ Pourquoi Lucas ne change-t-il pas de logement ?

☐ A. Parce qu'il aime beaucoup son logement actuel.

☐ B. Parce qu'il est SDF.

☐ C. Parce qu'il est sans emploi.

Production écrite 25 points

EXERCICE 1 13 points

Vous avez adopté un nouveau chien. Vous écrivez à votre ami pour le décrire (taille, couleur, caractère, etc.). Vous dites ce que vous aimez et ce que vous n'aimez pas chez ce nouveau chien. (60 mots minimum)

_____

_____

_____

_____

_____

_____

_____

_____

_____

_____

Vous recevez cette carte d'invitation. Vous répondez à votre amie. Vous la remerciez pour cette invitation, et vous acceptez. Vous vous renseignez sur le parking. (60 mots minimum)

Le Havre, le 5 avril 2023

Chers amis,

Lucas est sur le point d'avoir 2 ans et aimerait célébrer avec vous et vos familles au parc Albert René, samedi 19 mai à partir de 15h00. La fête aura lieu même en cas de pluie, car la salle du centre de jeunesse (2ème étage) est réservée.

Il y aura des gâteaux et une bonne collation !

Nous vous attendons !

Amicalement

Elodie Faure

Production orale $\boxed{\text{25 points}}$

L'épreuve comporte trois parties. La première partie se déroule sans préparation. Vous avez 10 minutes pour préparer les parties 2 et 3 (monologue suivi et exercice en interaction). Les 3 parties s'enchaînent.

1. Entretien dirigé (1 à 2 minutes)
2. Monologue suivi (2 minutes environ)
3. Exercice en interaction (3 à 4 minutes)

▌ ENTRETIEN DIRIGÉ (1 minute 30 environ)

Après avoir salué votre examinateur, vous vous présentez (vous parlez de vous, de votre famille, de vos amis, de vos études, de vos goûts, des animaux que vous aimez, etc.).
L'examinateur vous posera des questions complémentaires.

▌ MONOLOGUE SUIVI (2 minutes environ)

Vous tirez au sort 2 sujets et vous en choisissez 1. Vous vous exprimez sur le sujet. L'examinateur peut ensuite vous poser des questions pour vous aider.

Sujet 1 Ami

Qui est votre meilleur(e) ami(e) ? Décrivez-le (la) ?

Sujet 2 Pays natal

Parlez de votre pays natal.

Sujet 3 Revue

Quel genre de revue aimez-vous lire ? Pourquoi ?

Vous tirez au sort 2 sujets et vous en choisissez 1. Vous devez simuler un dialogue avec l'examinateur afin de résoudre une situation de la vie quotidienne. Vous montrez que vous êtes capable de saluer et d'utiliser les règles de politesse.

Sujet 1 Aller au restaurant avec votre collègue

Vous êtes à Paris. Ce week-end, vous allez au restaurant en ville pour dîner avec un(e) de vos collègues. Vous discutez avec ce(tte) collègue du restaurant où vous voulez aller (lieux, prix, quel genre [français, italien ou asiatique]).

L'examinateur joue le rôle de votre collègue.

Sujet 2 Chez le dentiste

Depuis la semaine dernière, vous avez très mal aux dents. Vous allez chez le dentiste. Vous expliquez votre état (depuis quand, quelle dent etc.).

L'examinateur joue le rôle du dentiste.

Sujet 3 Office de tourisme

Vous êtes à Lyon. Vous voulez aller au Vieux Lyon. Vous allez à l'Office de tourisme au centre-ville. Vous posez des questions au personnel de l'Office sur l'itinéraire (moyen de transport, tarifs, points touristiques …).

L'examinateur joue le rôle du personnel.

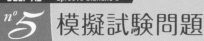
Compréhension de l'oral 〔25 points〕

Ministère de l'éducation nationale, Centre international d'études pédagogiques. DELF niveau A2 du *Cadre européen commun de référence pour les langues,* épreuve orale collective.

Vous allez écouter plusieurs documents. Il y a 2 écoutes. Avant chaque écoute, vous entendez le son suivant : 🎤. Dans les exercices 1, 2 et 3, pour répondre aux questions, cochez (⊠) la bonne réponse.

❙ EXERCICE 1 〔6 points〕 26

Vous écoutez des annonces publiques.

DOCUMENT 1

Lisez les questions. Écoutez le document puis répondez.

❶ À quel moment peut-on entendre ce message ? 1 point

- ☐ A. Le matin.
- ☐ B. Le midi.
- ☐ C. Le soir.

DOCUMENT 2

Lisez les questions. Écoutez le document puis répondez.

❷ Pendant la représentation, il n'est pas interdit … 1 point

- ☐ A. de boire de l'eau.
- ☐ B. de téléphoner.
- ☐ C. d'utiliser son smartphone.

DOCUMENT 3

Lisez les questions. Écoutez le document puis répondez.

❸ Qu'est-ce qui est autorisé ? 1 point

- ☐ A. Fumer dans l'espace réservé aux fumeurs.
- ☐ B. Utiliser la cigarette électrique.
- ☐ C. Fumer à l'intérieur de l'aéroport.

DOCUMENT 4

Lisez les questions. Écoutez le document puis répondez.

❹ Qu'est-ce que vous devez faire dans la bibliothèque ? 1 point

☐ A. Porter le masque.

☐ B. S'asseoir à la place de son choix.

☐ C. Prendre rendez-vous au guichet.

DOCUMENT 5

Lisez les questions. Écoutez le document puis répondez.

❺ Que va-t-il se passer ? 1 point

☐ A. Vous allez atterrir à Paris.

☐ B. Vous allez décoller de Paris.

☐ C. Vous allez partir aux États-Unis.

DOCUMENT 6

Lisez les questions. Écoutez le document puis répondez.

❻ Si vous rencontrez des difficultés pour composter votre billet, vous devez …

☐ A. chercher le composteur. 1 point

☐ B. le signaler aux contrôleurs.

☐ C. aller au centre de la rame.

EXERCICE 2 やや難 6 points 27

Vous écoutez la radio.

DOCUMENT 1

Lisez les questions. Écoutez le document puis répondez.

❶ Cette bouteille a été jetée à la mer il y a … 1 point

☐ A. 132 ans.

☐ B. 532 ans.

☐ C. 950 ans.

❷ Le document dans la bouteille est daté de … 1 point

☐ A. 1864.

☐ B. 1886.

☐ C. 1950.

DOCUMENT 2

Lisez les questions. Écoutez le document puis répondez.

❸ De quel évènement parle la journaliste ?   1 point

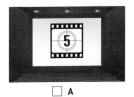 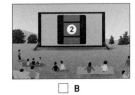 

☐ A   ☐ B   ☐ C

❹ Pour participer à cet évènement, il faut …   1 point

☐ A. s'inscrire sur Internet.

☐ B. payer sur Internet.

☐ C. acheter un billet au guichet.

DOCUMENT 3

Lisez les questions. Écoutez le document puis répondez.

❺ Où se déroule cet événement ?   1 point

☐ A. À l'aéroport.

☐ B. Chez les chocolatiers.

☐ C. Au salon international.

❻ Pour participer à cet événement, vous devez …   1 point

☐ A. demander chez les chocolatiers.

☐ B. prendre un rendez-vous.

☐ C. consulter le site de la compétition.

EXERCICE 3 `6 points` 🎧 28

Vous travaillez dans un magasin d'électroménager.
Vous écoutez ce message sur un répondeur téléphonique.
Lisez les questions. Écoutez le document puis répondez.

❶ Où se trouve Paris Export ?   1 point

☐ A. Au 9 rue Frédéric Chopin.

☐ B. Au 20 rue Frédéric Chopin.

☐ C. Au 29 rue Frédéric Chopin.

❷ Qu'est-ce qui s'est passé ? 1 point

 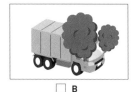 

☐ A   ☐ B   ☐ C

❸ Que demande M. Bernard ? 1 point

   ☐ A. D'envoyer des marchandises.

   ☐ B. D'envoyer un nouvel ordinateur.

   ☐ C. D'envoyer un technicien.

❹ Vous devez … 1 point

   ☐ A. téléphoner à M. Bernard.

   ☐ B. attendre un appel de M. Bernard.

   ☐ C. envoyer un message à M. Bernard.

❺ Avant quelle heure devez-vous contacter M. Bernard aujourd'hui ? 1 point

   ☐ A. Avant 18 heures.

   ☐ B. Avant 19 heures.

   ☐ C. Avant 20 heures.

❻ M. Bernard est pressé parce qu'il doit … 1 point

   ☐ A. envoyer des marchandises avant demain soir.

   ☐ B. envoyer des e-mails aux clients avant demain soir.

   ☐ C. faire une liste des marchandises avant demain soir.

EXERCICE 4 [7 points]

Vous écoutez 4 dialogues. Cochez pour associer chaque dialogue à la situation correspondante.
Attention : il y a 6 situations mais seulement 4 dialogues.
Lisez les situations. Écoutez les dialogues puis répondez.

	A. À l'aéroport	**B.** À la poste	**C.** Au supermarché	**D.** À la maison	**E.** À la gare	**F.** À l'école	
Dialogue 1	☐	☐	☐	☐	☐	☐	2 points
Dialogue 2	☐	☐	☐	☐	☐	☐	2 points
Dialogue 3	☐	☐	☐	☐	☐	☐	2 points
Dialogue 4	☐	☐	☐	☐	☐	☐	1 point

Compréhension des écrits $\boxed{\text{25 points}}$

EXERCICE 1 $\boxed{\text{6 points}}$

Vous travaillez dans un magasin d'électroménager en France et vous recevez des clients qui veulent acheter des tablettes tactiles. $\boxed{\text{1 point par réponse}}$

❶ Tablette Tactile Enfant :

15,5 x 8,7 cm

Solide, avec une housse en silicone renforcée.
Propose des jeux simples et éducatifs, ainsi que de la musique.

»»»» **52 euros**

❷ Liseuse light :

16 x 11,5 cm

Noir et blanc électronique, ressemble à un livre imprimé.
Léger (161 grammes).

»»»» **70 euros**

❸ Milky Way Book tactile Wi-fi :

26,6 x 14,9 cm

Équipée de Wi-fi, Word, Excel et PowerPoint préinstallés.
650 grammes

»»»» **799 euros**

❹ Tablette Milky Way A6 Wi-fi :

25,6 x 15,5 cm

Écran de bonne taille pour les films.
530 grammes

»»»» **189 euros**

❺ Tablette tactile - Story Max : **À partir de 4 ans.**

15,5 x 8,7 cm

Propose un riche éventail de jeux éducatifs, de musique et de livres.
Équipée d'un contrôle parental pour la sécurité des enfants.

»»»»» **132 euros**

❻ Tablette imperméable – Arrow :

22,32 x 12,57 cm

Avec cette tablette tactile, vous pouvez prendre une douche ou regarder des photos.

»»»»» **325 euros**

Associez chaque document au client correspondant.

Attention : il y a huit clients mais seulement six documents.

Cochez une seule case par document.

	❶	❷	❸	❹	❺	❻
A. Mme Picard cherche une tablette équipée d'un contrôle parental pour sa nièce de 10 ans.	☐	☐	☐	☐	☐	☐
B. M. Colin veut une tablette pour regarder des films pendant les trajets, mais qui coûte moins de 200 euros.	☐	☐	☐	☐	☐	☐
C. Mlle Meunier cherche une tablette uniquement pour lire des romans.	☐	☐	☐	☐	☐	☐
D. Mme Poirier voudrait une tablette pour que son petit-fils de 2 ans joue à des jeux éducatifs.	☐	☐	☐	☐	☐	☐
E. M. Rolland souhaite une tablette pour travailler pendant ses voyages d'affaires.	☐	☐	☐	☐	☐	☐
F. M. Duval cherche une tablette pour sa petite-fille de 2 ans. Son budget est de 40 euros.	☐	☐	☐	☐	☐	☐
G. M. Meyer cherche une tablette de moins de 500 euros et qui est équipée de Word et d'Excel.	☐	☐	☐	☐	☐	☐
H. Mme Berger cherche une tablette pour l'utiliser au bord de sa piscine.	☐	☐	☐	☐	☐	☐

EXERCICE 2 `6 points`

Vous venez de recevoir ce courriel. Répondez aux questions.

De : editionsjeunesseparis@courriel.fr

À : XXX@courriel.fr

Objets : Entretien avec les Editions Jeunesse Paris pour le poste d'éditrice

Bonjour Madame XXX,

Tout d'abord, merci pour votre candidature au sein de notre société. Nous avons été impressionnés par votre Curriculum Vitae et nous souhaiterions vous rencontrer lors d'un entretien d'embauche dans nos bureaux. À cette occasion, nous espérons apprendre à mieux vous connaître et nous vous en dirons plus sur le poste d'éditrice pour lequel vous avez postulé.

Dans le but de vous permettre de réussir au mieux cette série d'entretien d'embauche, nous vous invitons à consulter notre site Internet www.editions-jeunesse-paris, où vous trouverez plus d'informations sur nos activités.

Merci de me faire savoir quelle date vous conviendrait, et je vous enverrai par la suite une invitation avec tous les détails organisationnels :
- le lundi 10 septembre - 10h
- le mardi 11 septembre - 9h
- le mercredi 12 septembre - 9h

Dans l'attente de vous rencontrer,
Bien cordialement,

Sophie Giroux
Éditions Jeunesse Paris

❶ Qui est Sophie Giroux ? 1 point

☐ A. La directrice.

☐ B. La destinataire.

☐ C. L'expéditrice.

❷ Quel est l'objectif de ce courriel ? 1 point

☐ A. Demander un emploi.

☐ B. Offrir un emploi.

☐ C. Organiser une entrevue.

❸ L'entretien d'embauche aura lieu … 1 point

☐ A. sur Skype.

☐ B. par téléphone.

☐ C. en tête à tête.

❹ De quel poste s'agit-il ? 1 point

☐ A. Le poste d'éditrice.

☐ B. Le poste de comptable.

☐ C. Le poste de secrétaire.

❺ Avant de passer l'entretien d'embauche, qu'est-il recommandé de faire ?

☐ A. Lire les livre de jenesse de cette maison d'éditions. 1 point

☐ B. Demander des renseignements par téléphone.

☐ C. Consulter la page d'accueil de cette société.

❻ Si vous voulez passer l'entretien, vous devez … 1 point

☐ A. faire part de votre disponibilité par e-mail.

☐ B. envoyer une invitation avec tous les détails.

☐ C. aller chez cette maison d'éditions avant le 10 septembre.

EXERCICE 3 | 6 points

Lisez cette page sur Internet puis répondez aux questions.

DOUBLE DE VOS CLÉS

Clé plate
6 €
▶ Copie : un exemplaire
▶ Clé originale nécessaire
▶ 30 minutes

Clé à gorges
12 €
▶ Copie : un exemplaire
▶ Clé originale nécessaire
▶ 45 minutes

Clé spéciale
40 €
▶ Copie : un exemplaire
▶ Clé originale nécéssaire
▶ 60 minutes environ

LISTE DES PIÈCES À FOURNIR

• Photocopie d'une pièce d'identité en cours de validité
Si vous n'êtes plus en possession de la carte de propriété (carte nécessaire pour une reproduction de clé).
• Attestation de perte de « carte de propriété »
• Facture EDF ou France Télécom, de moins de 3 mois.
En cas d'absence de carte de propriété, il faut compter une facturation supplémentaire de 62 euros pour la création de cette carte.

carte
de propriété
00–000000   06/202X

DÉPLACEMENT

• Le coût du déplacement s'élève à 40€.

TARIFS DE NUIT, WEEK-END ET JOURS FÉRIÉS

• Majoration de 50% sur le coût de nos prestations en soirée (18-22h) et jusqu'à 100% la nuit (22h-7h), le week-end et les jours fériés.

❶ Que propose cette publicité ?   1 point
☐ A. De fabriquer une nouvelle clé.
☐ B. De chercher une clé perdue.
☐ C. De faire un double des clés.

❷ Combien de temps faut-il pour une clé plate ? 1 point

    ☐ A. 30 minutes.

    ☐ B. 45 minutes.

    ☐ C. 60 minutes.

❸ Combien coûte une clé à gorges ? 1 point

    ☐ A. 6 euros.

    ☐ B. 12 euros.

    ☐ C. 40 euros.

❹ Lorsque vous n'avez plus la carte de propriété, de quoi avez-vous besoin pour demander une clé ? 1 point

    ☐ A. D'une pièce d'identité originale.

    ☐ B. D'une attestation de perte de « carte de propriété ».

    ☐ C. D'une quittance de loyer de moins de 3 mois.

❺ Si vous demandez de faire un double d'une clé spéciale vers 21 heures un lundi, quel sera le tarif total ? 1 point

    ☐ A. 40 euros.

    ☐ B. 60 euros.

    ☐ C. 80 euros.

❻ Si vous demandez à la personne de venir chez vous pour faire un double d'une clé plate vers 19 heures un samedi, quel sera le tarif total ? 1 point

    ☐ A. 6 euros.

    ☐ B. 12 euros.

    ☐ C. 52 euros.

EXERCICE 4 7 points

Vous lisez cet article sur un site Internet français.

À 7km de Cauterets, les paysages sont extraordinaires

　　Au cœur du parc national des Pyrénées, le pont d'Espagne offre un paysage de montagne de toute beauté.

　　Des balades faciles à 1725m d'altitude, le lac de Gaube figure parmi les plus beaux lacs des Pyrénées. En toile de fond, le Vignemale (3298m), le plus haut sommet des Pyrénées françaises. Le pont d'Espagne est le point de départ de nombreuses balades, et grâce aux aménagements réalisés, pas besoin d'être un marcheur expérimenté pour profiter du site. Plusieurs possibilités s'offrent à vous selon le temps dont vous disposez. Pour rejoindre le lac de Gaube, on peut par exemple prendre le télésiège (différence d'altitude 225m) à l'aller et revenir à pied par le GR 10* (compter 1h15 environ pour descendre), ou bien faire l'aller-retour à pied. En prenant le télésiège à l'aller et au retour, compter près de 2h (le télésiège est ouvert du 2 juin au 30 septembre).

　　D'une manière générale, mieux vaut d'abord se rendre au lac de Gaube et finir par le pont d'Espagne. Depuis l'entrée du site du pont d'Espagne, une courte marche de 5 min mène au monument, un petit pont de pierre qui a donné le nom à l'ensemble du site. Beau point de vue sur la cascade. Du pont d'Espagne, d'autres balades, sans difficulté majeure, notamment le Marcadau, par l'ancien sentier (2h30 de trajet).

* GR 10 : un sentier de randonnée qui suit la chaîne des Pyrénées, reliant la mer Méditérranée à l'océan Atlantique.

Pour répondre aux questions, cochez la bonne réponse.

❶ Le sujet général du texte porte sur … : 1 point

☐ A. la présentation d'une station de ski.

☐ B. la présentation des parcours de randonnées.

☐ C. la présentation des montagnes dans les Pyrénées.

❷ Le Pont d'Espagne se situe à environ combien de mètres d'altitude ? 1,5 point

☐ A. 1500m.

☐ B. 1725m.

☐ C. 1950m.

❸ Combien de temps faut-il du Pont d'Espagne au lac de Gaube en prenant le télésiège ? 1 point

☐ A. Environ 1 heure.

☐ B. Près de 2 heures.

☐ C. Plus de 2 heures.

❹ L'auteur conseille d'aller d'abord … 1,5 point

☐ A. au Vignemale.

☐ B. au lac de Gaube.

☐ C. au Marcadau.

❺ On peut aller en télésiège jusqu'au Vignemale. 1 point

☐ Vrai   ☐ Faux

❻ Du point d'Espagne, on peut aller au Marcadau en prenant l'ancien sentier.

☐ Vrai   ☐ Faux   1 point

Production écrite   25 points

EXERCICE 1   13 points

Vous commencez à apprendre un instrument de musique en cours privé. Vous venez de faire votre premier cours, et vous écrivez un mail à votre ami(e) pour raconter comment cela s'est passé et pourquoi vous aimez pratiquer cet instrument. (60 mots minimum)

_____

_____

_____

_____

_____

_____

_____

_____

_____

_____

Vous recevez cette invitation d'une amie française. Vous répondez à votre amie. Vous la remerciez pour cette invitation, mais vous refusez d'aller au vernissage. Vous lui expliquez pourquoi vous ne pouvez pas venir. (60 mots minimum)

Je suis heureuse de vous faire part de mon exposition de

DESSINS, PEINTURES

du 9 au 15 décembre 2023 de 10 heures à 18 heures
ouverture le dimanche

7 bis, rue de Maubeuge, PARIS 9ème M° Cadet - ligne 7
VERNISSAGE samedi 9 décembre

Merci de nous prévenir de votre présence avant le 25 novembre.

Cécile Lamy

Production orale [25 points]

L'épreuve comporte trois parties. La première partie se déroule sans préparation. Vous avez 10 minutes pour préparer les parties 2 et 3 (monologue suivi et exercice en interaction). Les 3 parties s'enchaînent.
1. Entretien dirigé (1 à 2 minutes)
2. Monologue suivi (2 minutes environ)
3. Exercice en interaction (3 à 4 minutes)

ENTRETIEN DIRIGÉ (1 minute 30 environ)

Après avoir salué votre examinateur, vous vous présentez (vous parlez de vous, de votre famille, de vos amis, de vos études, de vos goûts, des animaux que vous aimez, etc.).
L'examinateur vous posera des questions complémentaires.

MONOLOGUE SUIVI (2 minutes environ)

Vous tirez au sort 2 sujets et vous en choisissez 1. Vous vous exprimez sur le sujet. L'examinateur peut ensuite vous poser des questions pour vous aider.

Sujet 1 Film

Quel est votre film préféré ? Expliquez pourquoi vous l'aimez.

Sujet 2 Maison ou appartement

Vous préférez vivre dans une maison ou un appartement ? Expliquez pourquoi.

Sujet 3 Transport

Quel(s) moyen(s) de transport utilisez-vous ?

Vous tirez au sort 2 sujets et vous en choisissez 1. Vous devez simuler un dialogue avec l'examinateur afin de résoudre une situation de la vie quotidienne. Vous montrez que vous êtes capable de saluer et d'utiliser les règles de politesse.

Sujet 1 Guichet de métro

Vous allez séjourner à Paris pour 2 jours. Vous allez au guichet d'une station de métro pour acheter des tickets. Vous posez des questions (tarifs, conditions ...).

L'examinateur joue le rôle du personnel au guichet.

Sujet 2 Objet oublié

Hier soir, vous avez oublié un sac dans un restaurant. Vous retournez dans ce restaurant pour récupérer ce sac. Expliquez à l'employé du restaurant comment est le sac (la taille, la couleur, quels objets sont dedans ...).

L'examinateur joue le rôle de l'employé du restaurant.

Sujet 3 Garderie

Vous cherchez une garderie pour confier votre enfant pendant que vous travaillez. Vous avez trouvé un établissement dans votre quartier. Vous y allez pour vous renseigner sur l'inscription. Posez des questions au responsable de cette garderie (nombre de places disponibles, tarifs, horaire ...).

L'examinateur joue le rôle du responsable de la garderie.

DELF A2

PARTIE 1

聴解　Compréhension de l'oral

　国民教育省，国際教育研究センター．「ヨーロッパ共通参照枠組み」の A2 レベル・DELF，口頭試験〔共通〕

　いくつかの録音文を聞いてください．それぞれ 2 回ずつ読まれます．それぞれの録音文の直前に，効果音（「タラララン」）が流れます．Exercice 1, 2, 3 では，正しい答えに ☒ をつけてください．

EXERCICE 1　6 points

〔設問〕

　公共の場におけるアナウンスを聞いてください．

　設問を読んでください．録音文を聞いてから答えてください．

〔スクリプト〕

【DOCUMENT 1】

Chers clients, votre attention s'il vous plaît. Une petite fille de 3 ans s'est perdue au 2ᵉ étage dans le magasin. Elle porte un T-shirt de Blanche-Neige. Si vous la trouvez, merci de la ramener à l'accueil au rez-de-chaussée.

　　ご来店のお客様に迷子のお知らせをいたします〔直訳：お客様，注意してください〕．当店 3 階で，白雪姫の T シャツをお召しになった，3 歳のお子様が迷子になっています．お心当たりの方は 1 階受付へお連れください．

【DOCUMENT 2】

Attention. Le service est actuellement interrompu entre les stations Trocadéro et Montparnasse-Bienvenüe, jusqu'au vendredi 29 août inclus. Nous vous invitons à privilégier les lignes en correspondance. Merci.

　　ご注意ください．8 月 29 日（金）まで，トロカデロ駅とモンパルナス・ビエンヴニュ駅の間で運行を停止しています．他の連絡線をご利用ください．ありがとうございました．

【DOCUMENT 3】

Bonjour, votre attention s'il vous plaît. La bibliothèque ferme dans 15 minutes. Je vous rappelle que notre bibliothèque est ouverte tous les jours sauf le mardi, sur réservation entre 11h et 15h30, puis entrée libre jusqu'à 17h30. Merci.

　　皆さん，こんにちは．あと 15 分で閉館となります．当図書館は，火曜日を除く毎日，11：00 から 15：30 までは予約が必要で，その後 17：30 までは自由にご利用できることをお伝えいたします．ありがとうございました．

【DOCUMENT 4】

Nous vous rappelons que les téléphones portables doivent être éteints avant le début du spectacle et ne peuvent être utilisés que pendant la pause. Et il est interdit de faire des photos pendant le spectacle.

　　携帯電話は開演前に電源をお切りください．休憩時間にのみご使用になれます．あらかじめご了承ください．また，上演中の写真撮影は禁止されています．

【DOCUMENT 5】

Le commandant de bord nous signale que nous allons traverser une zone de turbulences. Nous devons donc interrompre le service des rafraîchissements jusqu'à ce que les conditions s'améliorent. Veuillez rester assis avec votre ceinture attachée. Merci.

　　機長によると，間もなく乱気流を通過いたします．状況が良くなるまで，リフレッシュメントサービスを停止させていただきます．シートベルトを着用してお座りください．ありがとうございます．

【DOCUMENT 6】

Le Train TER 3812 en provenance de Lille Flandres et à destination de Saint Quentin, dont l'arrivée initialement prévue à 18h10, va entrer en gare, voie 2. Éloignez-vous de la bordure du quai, s'il vous plaît.

　　当初 18：10 に到着予定でしたリール・フランドル発サンカンタン行きの TER 3812 は，2 番ホームに到着します．ホームの端から離れてください．

〔解説〕

❶ 設問「**この女の子はどこで迷子になりましたか？**」．A.「3 階」が正解です．他の選択肢はそれぞれ B.「1 階」，C.「駐車場」です．

❷ 設問「**列車の運行はいつ再開されますか？**」．jusqu'au vendredi 29 août inclus（8 月 29 日（金）まで）を聞き取り，C. を選びます．inclus(e) ～ は「～も含まれる」という意味です．

❸ 設問「**日曜日の朝，この図書館は…**」．日曜日の朝，図書館は開いていますが，予約が必要です．B. が正解です．他の選択肢はそれぞれ A.「閉館」，C.「入館自由（無料）」です．

❹ 設問は「**禁じられているのは…**」です．faire des photos「写真を撮る」という表現を聞き取って，A. を選択します．携帯電話の電源も切らなくてはならない（téléphones portables doivent être éteints）ですが，B.「休憩時間に電話をする」ことは許容されています．もう 1 つの選択肢は C.「上演中に飲み物を飲む」です．

❺ 設問「**あなたは何をしなければなりませんか？**」．Veuillez ＋ inf.「どうか～してください」という言い回しを聞き取り，B. を選びます．Veuillez は動詞 vouloir の命令形です．

❻ 設問「**電車の終着駅はどこですか？**」．B. が正解です．A は始発の駅で，C. は言及されていません．

語彙

□ sauf 〜「〜を除いて」
□ éteints :「スイッチを切った」(←動詞 éteindre「消す」の過去分詞)
□ il est interdit de + inf.「〜することは禁じられている」
□ commandant de bord「(飛行機の)機長」　　□ turbulence「乱気流」
□ rafraîchissements「(複数で)冷たい飲み物」　　□ la bordure de 〜「〜の縁, へり」

EXERCICE 2　6 points

〔設問〕

　ラジオを聞いてください.

　設問を読んでください. 録音文を聞いてから答えてください.

〔スクリプト〕

【DOCUMENT 1】

De nombreux orages circulent toute la journée du Centre au Nord. Dans le Sud-Ouest, le ciel reste nuageux. Ce matin, les températures sont chaudes dans le Sud-Est. Il fera jusqu'à 28 degrés à Marseille. Cet après-midi, les maximales s'échelonnent de 30 à 36 degrés en Provence.

　　多くの雷雨が一日中, 中部から北部へと移動します. 南西部では曇り空が続きます. 今朝は南東部で気温が高くなっています. マルセイユでは最高で 28 度になるそうです. 今日の午後, プロヴァンス地方では最高気温が 30 度〜 36 度になるでしょう.

【DOCUMENT 2】

Laissez-vous charmer par l'univers de parfums et de beauté, encore plus enchanteurs dans votre *Globe* de Lausanne. Profitez dès maintenant jusqu'au 16 septembre, d'un rabais de 15% sur l'ensemble de nos articles. Bienvenue au nouveau paradis de beauté chez *Globe* de Lausanne.

　　ローザンヌの(デパート)「グローブ」で, さらに魅惑的な香水と美の世界に魅了されてください. 本日から 9 月 16 日までの期間中, 弊社製品を 15%割引でご購入いただけます. ローザンヌ「グローブ」の新しい美のパラダイスへようこそ.

【DOCUMENT 3】

Le musée d'expériences est un espace interactif de découverte des sciences à Paris. Expositions, expériences, ateliers ; dans ce musée où il est interdit de ne pas toucher, les sciences se dévoilent de façon ludique et interactive ! Ce musée est destiné aux enfants dès cinq ans.

　　実験博物館はパリにある科学の発見のためのインタラクティブな空間です. 展示会, 実験, ワー

クショップなど,「触らないこと」が禁じられているこの博物館では,インタラクティブで遊び心のある手法で科学が解き明かされています! この博物館は5歳以上のお子さんを対象としています.

〔解説〕

❶ 設問「**今日の北部の天気はどうですか?**」. Centre はフランス中部を指し,現在はサントル=ヴァル・ド・ロワールと呼ばれる地域圏です. 冒頭で,雷雨が中部から北部へと移動すると言っていますから,A. を選びます.

❷ 設問「**マルセイユの今朝の気温は何度ですか?**」. jusqu'à 28 degrés を聞き取り,A. を選びます.

❸ 設問「**このお店ではどのような商品を販売しているのですか?**」. l'univers de parfums et de beauté という箇所を聞き取り,C. を選びましょう.

❹ 設問「**受けられる割引のパーセンテージは?**」. un rabais de 15%「15%の割引」を聞き取り,B. を選びます.

❺ 設問「**この博物館では,…が禁止されています**」. expérience はここでは「実験」の意味で使われています. 一般に,博物館では B.「展示品に触る」ことが禁止されていますが,この博物館では逆に il est interdit de ne pas toucher.「触らないことが」禁じられています. C. が正解です. 他の選択肢は A.「実験をする」です.

❻ 設問「**この博物館は,…向けです**」. 最後の文の destiné aux enfants dès cinq ans を聞き取り,C.「5歳以上の児童(向け)」を選びます. 他の選択肢はそれぞれ A.「万人(向け)」B.「5歳未満の児童(向け)」です.

解答	1 point par réponse				
❶ A.	❷ A.	❸ C.	❹ B.	❺ C.	❻ C.

語彙

☐ s'échelonner「(数量の)段階に幅がある」
☐ se laisser + inf.「～されるに任せる」
☐ enchanteur(形容詞)「魅惑的な,うっとりするような」(名詞の enchanteur は「魔法使い」)
☐ interactif「対話式の」→ここでは「参加型の(科学発見空間)」
☐ ludique「遊びの,遊びのための」 ex. activité ludique des enfants「小児の遊戯活動」

EXERCICE 3 [6 points]

〔設問〕

あなたは電器販売店で働いています. 留守録に残されたこのメッセージを聞きます. 設問を読んでください. それから録音を聞き,答えてください.

〔スクリプト〕

Bonjour, ici Monsieur Gauthier de « Office imprimerie ». Je vous appelle pour savoir si l'imprimante, dont je vous ai demandé la réparation il y a deux semaines, est prête. J'ai été absent pendant trois jours pour un voyage d'affaires, mais je n'ai reçu aucun e-mail, ni appel téléphonique durant mon absence. Si elle est déjà prête, faites-le moi savoir sur mon portable. Mon numéro est le 06 07 93 11 01. Si nécessaire, j'enverrai quelqu'un la chercher au magasin. C'est urgent. Je vous remercie par avance.

こんにちは，"Office imprimerie" のゴーティエです．2週間前に修理をお願いしたプリンターの準備ができているかどうかを確認するために電話しました．私は3日間出張で不在でしたが，不在の間にメールや電話は一切ありませんでした．すでに修理済みでしたら，私の携帯電話に連絡してください．番号は 06 07 93 11 01 です．必要であれば，こちらから誰かを取りに行かせることもできます．急いでいるので，どうぞよろしくお願いします．

〔解説〕

❶ 設問「あなたはどのような機械の修理が必要だったのですか？」．l'imprimante「プリンター」を聞き取り，C. を選びます．

❷ 設問「ゴーティエ氏が修理を依頼したのはいつですか？」．A.「2週間前」が正解です．他の選択肢は B.「先週」，C.「数日前」．

❸ 設問「今，ゴーティエ氏はどこにいますか？」．3日間出張に出かけていたと言っていますから，今は A. の会社から電話をかけています．他の選択肢はそれぞれ B.「出張中」，C.「私的な旅行中」です．

❹ 設問「ゴーティエ氏はどのくらいの期間，不在だったのですか？」．A.「3日間」が正解です．他の選択肢は B.「1週間」，C.「2週間」．

❺ 設問「あなたは何をしなければなりませんか？」．A.「電話する」が正解です．他の選択肢は B.「E メールを送る」，C.「誰かを（取りに）行かせる」．

❻ 設問「ゴーティエ氏は…を提案しています．」．本文は，急いでいるので，配送に時間がかかるなら，会社の誰かを取りに行かせてもいい，という流れです．B. が正解です．他の選択肢はそれぞれ A.「もう1週間待つ」，C.「あなたの店で別のプリンターを買う」です．

解 答	1 point par réponse				
❶ C.	❷ A.	❸ A.	❹ A.	❺ A.	❻ B.

EXERCICE 4　7 points

〔設問〕

4つの対話が流れます．それぞれの対話に対応するシチュエーションに ☒ を記入してください．

《注意》 シチュエーションは6つですが，対話は4つしかありません．

シチュエーションを読んでください．対話を聞いて，答えてください．

〔スクリプト〕

【対話 1】

— Quand peux-tu me rendre le livre que je t'ai prêté la semaine dernière ?

— 先週貸した本，いつ返してくれるの？

— Je suis désolée ! Je peux te le rendre dans deux jours, est-ce que ça va ?

— ごめん！ 明後日なら返せるけど，大丈夫？

— Oui, bien sûr. Tu l'as déjà lu ?

— うん，もちろん．もう読んだ？

— Je l'ai presque fini.

— あともうちょっと．

【対話 2】

— Bon anniversaire ! Tiens, c'est ton cadeau !

— お誕生日おめでとう！ はい，プレゼント．

— Ah, merci beaucoup ! Il ne fallait pas, c'est trop gentil !

— えー，ありがとう！（プレゼントしてくれなくも）良かったのに…，ありがとう！

— J'espère que ça va te plaire. Vas-y, ouvre.

— 気に入ってくれるといんだけど．ほら，開けてみて．

— Ah ! je voulais justement cette montre. Comment tu as su ?

— あー！ ちょうどこの時計が欲しかったのよ．どうして分かったの？

【対話 3】

— Charles, que penses-tu de ce pull blanc ?

— シャルル，この白いセーターなんかどうかな？

— C'est très joli. Mais le blanc se salit très facilement. Que penses-tu de ce bleu-là ?

— すごく素敵だね．でも，白はとても汚れやすいよ．この青はどう？

— Ce bleu est un peu trop sombre. Je préfère un pull de couleur claire.

— これはちょっと暗すぎるわ．明るい色のセーターの方が好きなの．

— Alors, ce jaune-là ?

— じゃ，この黄色のは？

— Pas mal, c'est très joli. Je le prends.

— 悪くないわ．すごく素敵ね．これにしよう．

【対話 4】

— Marie, on vient de finir le dîner, et tu es déjà si occupée. Qu'est-ce que tu fais ?

— マリー，夕飯を食べ終わったばかりだというのに，もう忙しくしてるね．何をしてるの？

— Je prépare un cadeau.

— プレゼントを準備してるの．

— Tu prépares un cadeau ?

— プレゼント？

— Oui. Demain, c'est l'anniversaire de Nathalie, et je lui fais un gâteau d'anniversaire.

　— そうなの．明日，ナタリーの誕生日があるの．それで，誕生ケーキを作っているのよ．

— Tu le fais toi-même ?

　— 自分で作るの？

— Oui, à la maison, je peux faire un gâteau plus original.

　— そう，手作りにすれば，オリジナルなケーキが作れるでしょ．

〔解説〕

❶ C. Rendre quelque chose.「何かを返す」を選びます．rendre le livre「本を返す」，le livre que je t'ai prêté「君に貸した本」などがポイントになります．

❷ F. Offrir quelque chose.「何かを贈る」を選びます．表現 il faut 〜の半過去形 Il ne fallait pas. は「（贈り物・親切な行為などを）する必要がなかった」という意味になります．

❸ A. Choisir quelque chose.「何かを選ぶ」を選びます．いくつかの異なる色のセーターの中から，黄色いセーターを選んでいます．Que penses-tu de 〜 ?「〜についてどう思う？」という定型表現．

❹ E. Fabriquer quelque chose.「何かを作る」を選びます．préparer には「準備，用意する」の他に「食事などを作る」の意味もあります．

解 答　1. 2. 3. [2 points] / 4. [1 point]

Dialogue 1：C.　　　Dialogue 2：F.　　　Dialogue 3：A.　　　Dialogue 4：E.

PARTIE 2

読解 Compréhension des écrits

EXERCICE 1　6 points

〔設問〕

あなたは新聞で日常生活に便利な 6 つのサイト（あるいはアプリ）を見つけました．

生活を便利にするサイトやアプリ

❶ **アップ・コーヒー**：ソーダ，無カフェインコーヒー，紅茶…．カフェインはコーヒーだけでなくいろいろな飲み物に含まれています．アプリケーション「Up Coffee」は，あなたが摂取するカフェインの(含有)率を測り，知らせてくれます．

❷ **フィダル**：レジで自分の番がきたときにかぎって，ポイントカードが見つからない時はありませんか？ このアプリはあなたのスマートフォンにあなたのカードの必要な情報を全て保存します．

❸ **ハンディ・ブッキング**：障がいを持っている方は，ヴァカンスの宿泊施設を見つけるのが難しいです．HandiBooking.com は視覚，精神，聴覚を問わず全ての障がい者が，夏の宿を予約するためのサイトです．

❹ **ソレイユ・リスク**：このアプリは紫外線からあなたを守ります！ 毎日の紫外線指数，日焼け止めの決まりごと，お肌の問題から解放されてヴァカンスを過ごすための全てが入っています．

❺ **コランチング**：あなたがどこで，いつ，何を議論したいかを入力すると，このサイトはまったく見知らぬ人たちとテーブルを囲む会食をセッティングしてくれます．

❻ **マルミトン**：このアプリには，昼食，夕食，おやつのレシピが約 60,000 件収録されています．お手持ちの食材をもとにレシピを検索することもできます．

それぞれのプロフィールに合う文書を選んでください．
《注意》 人物は 8 名ですが，文書は 6 つしかありません．
　　　　それぞれの文書に一つだけ ⊠ を入れてください．

A. ニコラは生まれつき左目がよく見えません．今年の夏，旅行に行きたいと思っています．

B. クロエは買い物が大好きです．たくさんあるポイントカードの整理に苦労しています．

C. レアは肌が弱く，陽に当たるとすぐに赤くなってしまいます．

D. テオは自分とは違う分野で働いている誰かと知り合いになりたいと思っています．

E. リナはなかなか寝付けません．それはコーヒーを飲みすぎるせいだと思っています．

F. シモンは英語の上達のためにイギリスに滞在するつもりです．

G. マリーは料理が大好きです．ほぼ毎日，料理をしています．

H. ジョルジュはコーヒーをこよなく愛しています．彼は世界中のコーヒーを味わいたいと思っています．

〔解説〕

A. Nicolas : ne pas voir bien「よく見えない」，dequis sa naissance「生まれつき」などからニコラが handicapé visuel「視覚障がい者」であることが分かります．

B. Chloé : avoir du mal à 〜「なかなか〜できない」という定型表現．

C. Léa : avoir la peau fragile「肌が弱い」，rougir facilement「すぐに赤くなる（赤くなりやすい）」などから類推できます．exposition には「展覧会」の他に，「〜にさらすこと」という意味もあります．

D. Théo : 異業種交流会に参加したい彼には，❺ が最適です．

E. Lina : arriver à ＋不定詞「うまく〜することができる」の否定形が使われています．

F. Simon : イギリスに語学留学したいシモンですが，彼の要望に該当する選択肢はあ

りません.

G. Marie : 料理をするのが大好きなマリーには，**❻** のアプリが最適です．

H. Georges : 世界中のコーヒーを味わいたいジョルジュにお勧めの選択肢はありません.

解 答	1 point par réponse				
❶ E.	❷ B.	❸ A.	❹ C.	❺ D.	❻ G.

EXERCICE 2 　5 points

〔設問〕

　あなたはたった今このメールを受け取りました．設問に答えてください．

差出人：エコール・フランス―パリ―事務局 secretariat@ecolefrance.fr
件名：請求書とプレースメントテスト

XXX 様
当校の授業に登録いただきありがとうございます．請求書を添付致しますのでご覧ください．
登録手続きを完了するために，至急以下の口座に学費の振込をよろしくお願い致します．
IBAN:CH0408465000GXXXXXXXX ; Clearing 8XXX ; Fondation, Ecole France.

登録：
・集中講座：フランス語・フランス文化：2023 年 1 月 16 日～ 27 日：月曜日から金曜日（8:30 ～ 12:15）：週 340 ユーロ
・登録料：40 ユーロ
・合計：720 ユーロ

あなたに最適のクラスをご用意するために，1 月 10 日までに，オンラインでレベルテストを受けていただけますか？

以下がオンラインのフランス語テストにアクセスするための使用者名とパスワードです．
(www.ecolefrance.fr)： 使用者名：user202
　　　　　　　　　　　　パスワード：efp-2691

＊テストを受けている間は，客観的な評価をするために，辞書または電子機器（スマートフォン，携帯電話など）を使わないでください．

追加で必要な情報があれば遠慮なくお問い合わせください．

よろしくお願い致します.

マルティーヌ・パニョン

エコール・フランス

〔解説〕

❶「**この電子メールの目的は何ですか？**」という設問に対し, C.「支払いをお願いする」を選びます. 他の選択肢はそれぞれ A.「広告をする」, B.「支払いを確認する」という意味です.

❷「**いつ（いつまでに）学費を払わなければならないか**」という設問に対し, A.「すぐに」を選びます. B.「1 月 10 日まで」, C.「1 月 16 日まで」

❸ 設問「**〜で学費の支払いをします**」では支払い方法が問われています. A.「振込で」が正解です. B.「現金で」, C.「小切手で」

❹「**全部でいくら支払わなければならないか**」という設問です. 文中に total 720 euros とあるので, C. を選びます.

❺「**自分のクラスを決めるために, あなたは何をしなけばならないか**」という設問です. A.「オンラインでレベルチェックテストを受ける」必要があります. 他の選択肢は B.「その場で／現地でテストを受ける」, C.「自分のレベルを自己申告する」.

❻「**プレースメントテスト（レベルチェックテスト）を受ける際に, 〜を使ってもいいです**」という設問です. 本文中に「辞書または電子機器（スマートフォン, 携帯電話など）を使わないでください」とありますから, A.「パスワード」を選びます.

解答 1. 3. [0,5 point] / 2. 4. 5. 6. [1 point]

❶ C.　　❷ A.　　❸ A.　　❹ C.　　❺ A.　　❻ A.

EXERCICE 3　6 points

〔設問〕

このインターネットのページを読んで, 設問に答えてください.

マルティニーク旅行のベストシーズンはいつ？

マルティニーク島には降水量のレベルが異なる 2 つの季節があります. しかし, 晴天も雨天も一年中あるので, この 2 つの季節の区別はさほどはっきりしていませんが, 気候の激しさ（強さ）が異なります.「カレーム」と呼ばれる乾期は 12 月に始まり 4 月または 5 月初めに終わります. この期間中にも雨は降りますが, あまり強くなく, 降っても長続きしません. 気温は「湿った期間」よりも少し穏やかで, 約 23℃ 〜 25℃ です. 2 つ目の季節は「イヴェルナージュ」と呼ばれ,

5月から11月まで続き，暖かく湿った空気が特徴です．平均気温は27℃で，8月と9月が一番暑いです．激しい雨が，いつでも突然降り出す可能性があります．したがって，マルティニーク旅行で，この天国のような島の田園風景を楽しむには，12月から4月までの期間がベストでしょう．

〔解説〕

❶「この文書が伝えているのは…」という問いに，B.「旅行のアドバイス」を選びます．A.「島の歴史についての情報」や C.「山での活動のアイディア」のことは書かれていません．

❷ 設問は「乾季は〜に始まります」です．本文中の La saison sèche appelée « carême » débute en décembre (…) という箇所を読み取れるかどうかが問われています．débute は動詞 débuter (= commencer) の三人称単数の活用．A appelé(e) B は「B と呼ばれる A」という意味です．

❸ 設問「乾季の平均気温は…」には A.「23 〜 25℃」を選びます．B.「27℃」は「イベルナージュ」というもう一つの季節の平均気温です．

❹ 正誤問題です．設問は「著者は 8 月〜 11 月のマルティニーク旅行を勧めている」ですが，筆者は本部の最後で「12 月から 4 月までの期間がベスト」と書いていますから，Faux（誤）に ☒ を入れましょう．

❺ 文末に付されたマルティニークでの活動早見表を読み取る問題です．設問は「6 月は…に適しています」なので，表の 6 月のところを見ると，(1) Plage（ビーチ），(2) Plance à voile（ウインド・サーフィン）とあります．選択肢 A.「ビーチでの日々」が正解です．他の選択肢はそれぞれ B.「ダイビング」，C.「クジラ観察」です．

❻ 正誤問題です．設問は「1 月にクジラを観察することができる」で，活動早見表にも合致するので，Vrai（正）に ☒ を入れましょう．

解 答	1. 4. 6. [0,5 point] / 2. 3. 5. [1,5 point]

❶ B.　　❷ A.　　❸ A.　　❹ ☒Faux　　❺ A.　　❻ ☒Vrai

EXERCICE 4　8 points

〔設問〕

あなたはフランスのウェブサイトでこの広告を読んでいます．設問に答えてください．

ステュディラマ
日時：2023 年 9 月 8 日（金）
場所：国際大学都市 ― 中央館
アクセス：RER（首都圏高速鉄道）B 線 & 路面電車 T3 号線：国際大学都市駅

9月にどこで登録するのですか？

多くの優れた教育機関が9月入学の学生を募集しています．パリで催される「ステュディラマ説明会」で，それらの機関を見つけてください．

この説明会は，9月でもまだ Bac 〜 Bac +3 の学生を募集している機関に出会うのに見逃せない機会です．

会場で直接登録できます！

Bac 〜 Bac+3 向けの 500 プログラム

▶ **Bac 〜 Bac+3 の 500 以上の高等教育プログラムを見に来てください．**：エンジニアリング／エンジニア学校，職業学校，国際的な学校・大学…

* **教師になる：国民教育省のブースを訪ねてみましょう．**

国民教育・高等教育・研究省のブースで説明を聞いて，《教育関連職》を見出してください．国民教育の分野では，2万5千名以上の新任教員が募集されています．

来場のついでに

▶ **「蔵書が豊富な書籍販売スペース」**では，職人関連の著作，言語や進路のガイドブックなど多種多様なテーマの書籍を扱っています．

〔解説〕

❶ **「これは〜についての記事です」**という設問です．選択肢はそれぞれ「新学期の開始」，「教育説明会」，「ブックフェア」で，Bが当てはまります．le salon は「客間」の他に，「美術展」「新製品見本市（モーターショーなど）」の意味でも使われます．ここでは，教育機関の大規模な説明会を指しています．

❷ 設問 **「この広告は何を提案していますか」** に対して，B.「教育（のプログラム）を探す」を選びます．A.「従業員を募集する」は当てはまりません．この広告自体は C.「学生アルバイトを提供」していません．

❸ **「このイベントは誰に向けたものですか」** という設問です．選択肢はそれぞれ「全ての人」，「高校生または大学生」，「教師」です．「バカロレア（高校卒業証明書）取得（＝高卒）から大卒まで」（de Bac à Bac + 3）の教育プログラム（formations）とありますから，この説明会は主に高校生（または大学生）向けと分かります．

❹ 設問は **「（教育機関には）どのように登録できますか」** です．本文に en direct「直接に」という表現がありますから，B.「現場で」を選びます．他の選択肢は，A.「インターネットで」，C.「郵便（郵送）で」です．

❺ 設問は **「この説明会では 25000 以上の高等教育プログラムを見つけられます」** ですが，本文中には「500（以上）の教育プログラム」とあるので，Faux（誤）を選

びます.

❻ 設問は「**この説明会では，教育プログラムに関する書籍を買うことができます**」で，un espace librairie riches d'ouvrages「蔵書が豊富な書籍販売スペース」から，Vrai を選びましょう.

解答	1. 5. 6. [1 point] / 2. 4. [1,5 point] / 3. [2 points]

❶ B.　　❷ B.　　❸ B.　　❹ B.　　❺ ☒ Faux　　❻ ☒ Vrai

PARTIE 3

文書作成 Production écrite

EXERCICE 1 　13 points

〔設問〕

　あなたはボルドーの近くでブドウの収穫（ヴァンダンジュ）に参加しました．フランス人の友だちにその出来事について説明してください．（60 語以上）

作文例

Salut Mathias !

Depuis vendredi, je suis près de Bordeaux pour assister aux vendanges !
On a cueilli le raisin avec d'autres participants. Il faisait très beau, mais pas trop chaud. Le vent d'automne était agréable. C'était seulement une demi-journée, mais c'était une expérience inoubliable.

J'espère avoir l'occasion d'y participer à nouveau !

Je retourne à Paris mardi prochain.

À très bientôt !

[votre prénom] [67 mots]

> やあマティアス！
> 僕は金曜日からボルドーの近くでブドウの収穫に参加しているんだ！ 他の参加者と一緒にブドウを摘んだよ．すごく天気が良かったけど，そんなに暑くなかったよ．秋の風は気持ちよかった．たった半日だったけど，忘れられない経験だったよ．
> また参加できればいいね．
> 次の火曜日にパリに戻る予定だよ．
> またすぐにね！
> ［名前］

EXERCICE 2 12 points

〔設問〕

あなたはこの招待状を受け取りました．

パリ，2023 年 5 月 22 日

Chers amis （親愛なる皆さまへ）

　来る 6 月 3 日（土）の午後 1 時，私たちの結婚 10 周年を祝うために昼食に来ていただけるととても嬉しいです．皆さんがお手すきで，時間も好都合であればと存じます．

　ご希望の場合，前日の夕方に駅まで迎えに行き，週末の間，拙宅にお泊りいただけます．

　近いうちにまたお目にかかることを楽しみにしております．お返事をお待ちしております．

シルヴィーとアントワーヌ

　彼らに返事を書いてください．招待に応じて，彼らにお礼を述べてください．交通手段について質問してください．（60 語以上）

作文例

Chers Sylvie et Antoine,

Toutes mes félicitations pour vos 10 ans de mariage !

C'est avec plaisir que j'accepte votre invitation du 3 juin.

Je me souviens clairement de votre mariage, il y a 10 ans. Le temps passe vraiment vite ! Par contre, je ne me rappelle pas du nom de la gare. Est-ce que c'est la gare d'Albi-Ville ou la gare d'Albi-Madeleine ? Pouvez-vous me le rappeler, s'il vous plaît.

Merci encore pour votre invitation !

Bises,

[Votre prénom]

シルヴィさん，アントワーヌ君，
お二人のご結婚 10 周年，おめでとうございます！
6 月 3 日のご招待，喜んでお受けいたします．
10 年前のあなた方の結婚式をはっきりと覚えています．本当に時間が経つのは早いですね！
ただ，駅の名前を忘れてしまいました．Albi-Ville 駅，それとも Albi-Madeleine 駅でしたか？改めて教えてもらえますか？
ご招待いただきありがとうございました．
Bises（それではまた）
[名前]

PARTIE 4

口頭表現（口頭試験）Production orale

Partie 4 は全 3 部で構成されています．exercice 1 は準備なしで行われます．受験者は試験前に 10 分間の準備時間があります．この 10 分間で，exercice 2 と 3 の準備をします．全 3 部は連続して行われます．

1. 自己紹介（1 〜 2 分）
2. 短い口頭発表（約 2 分）
3. ロールプレイング（3 〜 4 分）

■ Entretien dirigé [= exercice 1]　自己紹介（約 1 分 30 秒）

面接官に挨拶した後で，自己紹介してください（あなた自身, 家族, 友人, 学業, 趣味, 好きな動物などについて話してください）．

面接官から補足の質問があります．

（面接官からの補足の質問例については《想定質問》(p.40) を参考にしてください．）

面接例 30

Examinateur : Bonjour.

Candidat : Bonjour.

Examinateur : Bienvenue à votre épreuve de production orale du DELF A2. Le premier exercice est un entretien dirigé. Tout d'abord, est-ce que vous pouvez vous présenter rapidement ?

Candidat : Oui, d'accord. Je m'appelle Yûka Takahashi. J'ai 23 ans. Je suis japonaise.

J'étudie le français depuis 3 ans à l'Université de (大学の名前). L'année dernière, j'ai suivi des cours d'été à l'Université d'Aix-Marseille en France. Car notre université et l'Université d'Aix-Marseille sont jumelées. En France, j'ai amélioré un peu mon français. Un jour, je voudrais étudier pendant un an en France.

Maintenant j'habite à Kunitachi chez mes parents. J'ai une petite sœur qui s'appelle Ayano, mais je n'ai pas de frères. J'ai un job dans un restaurant à l'intérieur de la Tokyo Sky Tree. Je travaille dans ce restaurant 3 fois par semaine pour épargner de l'argent pour aller en France. Le travail est un peu dur, mais mes collègues sont très sympathiques. C'est pourquoi j'aime bien travailler. Mais c'est un peu loin de ma maison …

Examinateur : Merci Yûka. L'exercice 1 est terminé. Nous passons maintenant à l'exercice 2.

面接官 : おはようございます（こんにちは）.

受験者 : おはようございます（こんにちは）.

面接官 : DELF A2 の口頭表現テストへようこそ．Part 1 は,（面接官のリードによる）面接です．まず最初に，簡単な自己紹介をお願いします．

受験者 : はい，わかりました．私の名前は高橋優香です．23 歳，日本人です．
私は（○○）大学で 3 年前からフランス語を勉強しています．昨年，フランスのエクス・マルセイユ大学のサマースクールに参加しました．私の大学とエクス・マルセイユ大学は交換協定を結んでいるのです．フランスで，フランス語が少しだけ上達しました．いつかフランスに 1 年間留学したいと思っています．
今は両親と一緒に国立に住んでいます．私には綾乃という妹がいますが，兄弟はいません．東京スカイツリーの中にあるレストランでアルバイトをしています．フランスに行くお金を貯めるために,週に 3 回, このレストランで働いています．仕事は少しハードですが，同僚たちはとても親切です．だから，働くのが好きです．でも，家からは少し遠くて…

面接官 : 優香さん，ありがとうございました．exercice 1 は終了です．続いて, exercice 2 に移ります．

■ Monologue suivi [= exercice 2]　短い口頭発表（約 2 分）

〔設問〕

　2 つのテーマを無作為に選んでください．そのうち 1 つのテーマについて発表してください．発表の後で，面接官が助け船の質問をする可能性もあります．

Sujet 1 本

あなたは本を読みますか？　どんな種類の本ですか？

解答例 31

Oui, je lis des livres de temps en temps (souvent). / Non, je ne lis pas souvent de livre. / J'adore la lecture. Je lis surtout des romans policiers (romans d'amours / roman de science-fiction). / J'aime beaucoup la littérature française. Mais pour le moment je lis en traduction japonaise.

はい，私は時々（よく）本を読みます．/ いいえ，私はめったに本を読みません．/ 私は読書が大好きです．特に探偵小説（恋愛小説 / SF 小説）を読みます．/ 私はフランス文学が大好きです．しかし，今は邦訳で読んでいます．

あなたはどこを散歩しますか? 誰と散歩しますか?

解答例 32

Je me promène dans les bois (le long de la rivière / sur les rives du lac / en ville). / Je me promène avec mon chien (avec mon copain / avec ma mère). / Chaque week-end, je me promène toute seule le long du fleuve Tama qui n'est pas très loin de chez moi.

私は森(川沿い / 湖のほとり / 町)を散歩します. / 私は私の犬(私のボーイフレンド / 私の母)と散歩します. / 毎週末,私はひとりで自宅からあまり遠くない多摩川沿いを散歩します.

Sujet 3 ペット

あなたはペットがいますか? あなたのペットについて話してください.

解答例 33

Oui, j'ai deux chats (un chien / un oiseau / un hamster / une tortue). / Non, je n'en ai pas. Mais j'aimerais bien en avoir. / Non, je n'en ai pas car il est interdit d'en avoir dans mon appartement. / Mon chat est roux et de taille moyenne. Elle s'appelle Maya. J'aime bien jouer avec elle. / Mon chien est un berger allemand qui s'appelle Léo. Il est gris. Il est très intelligent.

はい,私は猫を2匹(犬を1匹 / 鳥を1羽 / ハムスターを1匹 / カメを1匹)飼っています. / いいえ,私は何も飼っていません. でも飼いたいと思っています. / いいえ,飼っていません. 私のアパートはペット不可ですから. / 私の猫は赤毛で中ぐらいの大きさです. 名前はマヤです. 私はマヤと遊ぶのが好きです. / 私の犬はレオというシェパードです. 灰色です. とても賢いです.

■ **Exercice en Interaction** [= exercice 3]　ロールプレイング（3〜4分）

　2つのテーマを無作為に選んでください. そのうち1つを選び,日常生活のある状況について,面接官と一緒にロールプレイングをしてください. しっかり挨拶ができ,丁寧表現を適切に用いることができることを示してください.

Sujet 1 花屋さんで

　あなたは同僚の家族の夕食に招待されました. あなたは彼らに花を買っていこうと思います. 花屋で花について質問をしてください.
　面接官が花屋さんの役を演じます.

解答例 34

Bonjour. Je voudrais acheter un bouquet de fleurs. Qu'est-ce que vous recommandez ? / Je préfère une autre fleur, un peu plus grande. / Non, c'est un peu trop cher. / Je trouve que cette orchidée est très jolie. Finalement je vais prendre celle-ci. Elle coûte combien ? / Je peux vous payer par chèque (en carte bancaire / en espèces) ? / Je vous remercie. Au revoir.

> こんにちは（おはようございます）. 花束を買いたいんですが, お勧めは何ですか？ / もう少し大きい花がいいんですが. / けっこうです. 少し高すぎます. / このランはとても素敵ですね. これをいただくことにします. / いくらですか？ / 小切手（銀行カード / 現金）で支払いができますか？ / ありがとう. さようなら.

Sujet 2 お医者さんで

　あなたは喉の痛みと 38 度の熱があります. あなたは医者に行き, 自分の症状を説明してください.

　面接官が医者の役を演じます.

解答例 35

(Entrez, Mademoiselle. Alors, qu'est-ce qui ne va pas ?)
Bonjour. J'ai mal à la gorge, et j'ai 38 degrés de fièvre. En plus, j'ai le nez qui coule …
(Depuis quand ?)
Depuis un certain temps … depuis 3 ou 4 jours.
(Bon, je vais vous examiner. (…) Vous avez un rhume. Vous allez prendre des médicaments : un cachet d'aspirine et un spray pour la gorge.)
D'accord. Combien de fois je dois prendre ce cachet ?
(Trois fois par jour. Voici votre ordonnance.)
Merci à vous. Bonne journée, au revoir.

> （どうぞお入りください. どうされました？）
> こんにちは. 喉が痛くて, 熱が 38 度あるんです. それに鼻水も止まりません.
> （いつからですか？）
> 少し前から…3, 4 日前からです.
> （そうですか. 診てみましょう. （…）風邪ですね. お薬をお渡しします. アスピリン錠と喉のスプレーです.）
> わかりました. この錠剤は（1 日に）何回飲むんですか？
> （1 日 3 回です. はい, これが処方箋です.）
> ありがとうございました. 良い一日を. さようなら.

Sujet 3 郵便局で

　あなたはフランスに住んでいます．2週間後は，母国に住んでいる母親の60歳の誕生日です．

　あなたは郵便局へ行き，彼女にプレゼントを送ってください．あなたはその郵送物について質問してください（普通／速達，料金，日数…）．

　面接官が郵便局員の役を演じます．

解答例

Bonjour Monsieur. Je voudrais envoyer ce colis au Japon, s'il vous plaît. / C'est un cadeau. / Si on choisit l'express Chronopost, ça prend combien de temps ? / C'est un peu cher. Je vais envoyer par l'envoi rapide Colissimo. Dans ce cas, il arrivera quand ? / Je vous dois combien ? / Je peux vous payer par carte ? / Merci, bonne journée, au revoir.

こんにちは．この小包を日本に送りたいんですが．/これは贈り物です．/ Chronopost Express にしたら，日数はどれくらいかかりますか？/それは少し高いです．私は rapide Colissimo で送ることにします．その場合，いつ着きますか？/おいくらですか？/カードで支払いができますか？/ありがとう．良い一日を．さようなら．

PARTIE 1

聴解　Compréhension de l'oral

　国民教育省，国際教育研究センター．「ヨーロッパ共通参照枠組み」の A2 レベル・DELF，口頭試験〔共通〕

　いくつかの録音文を聞いてください．それぞれ 2 回ずつ読まれます．それぞれの録音文の直前に，効果音（「タラララン」）が流れます．Exercice 1, 2, 3 では，正しい答えに ☒ をつけてください．

EXERCICE 1　6 points

〔設問〕

　公共の場におけるアナウンスを聞いてください．

　設問を読んでください．録音文を聞いてから答えてください．

〔スクリプト〕

【DOCUMENT 1】

Chers clients, votre attention, s'il vous plaît. Le propriétaire de la voiture immatriculée FC-890-XN, Renault Clio blanche, garée sur la place réservée aux handicapés, est prié de déplacer immédiatement son véhicule. Merci.

　　ご来店いただきありがとうございます．（車の）ナンバー FC-890-XN，白のルノー・クリオでご来店のお客様，障がい者用の駐車スペースにご駐車されていますので，すぐに車を移動してください．ありがとうございます．

【DOCUMENT 2】

Nous vous informons que le week-end, l'entrée est souvent suspendue pendant une durée assez longue. « Affluences » est une application mobile pour connaître en temps réel l'affluence à la bibliothèque. Vous pouvez la télécharger sur l'App Store.

　　なお，土日はかなり長い時間，入場を停止することがあります．"Affluences" は，図書館の混雑状況をリアルタイムで知ることができるモバイルアプリです．App Store からダウンロードできます．

【DOCUMENT 3】

Mesdames, Messieurs, votre attention s'il vous plaît. Le TGV numéro 8526 en provenance de Lille Europe, et à destination de Lyon Part Dieu est retardé en raison d'un incendie près des voies, qui a provoqué une panne de signalisation.

　　ご乗客の皆様．リール・ヨーロッパ駅発リヨン・パール・デュー行き TGV8526 号は，線路周辺の火災によって生じた信号機の故障により遅延しております．

【DOCUMENT 4】

Votre attention s'il vous plaît ! Si vous êtes un professionnel de la santé agréé et prêt à vous porter volontaire, nous avons besoin d'assistance pour un passager malade. Veuillez vous adresser à un membre de l'équipage.

お知らせいたします！ 医療従事者の免許をお持ちの方で，任意でご協力いただける方は，病気の乗客の方のサポートをお願いします．クルーの誰かに声をおかけください．

【DOCUMENT 5】

Votre attention s'il vous plaît. Maintenant il y a beaucoup de monde qui veut monter. Pour faciliter la montée des voyageurs, merci d'avancer un peu vers le fond du bus.

すみません．今，お乗りになりたい方がたくさんいらっしゃいます．他のお客様が乗りやすいように，もう少しだけバスの後ろの方に移動してください．

【DOCUMENT 6】

Mesdames et messieurs, bienvenue à la conférence du professeur Lambert. Nous vous informons que la conférence va commencer dans dix minutes. Veuillez désactiver la sonnerie de vos téléphones portables ou les mettre en mode vibration.

ご来場の皆さん，ランベール教授の講演会にようこそ．あと10分で講演が始まります．携帯電話はサウンドをオフにするか，マナーモードにしてください．

〔解説〕

❶ 設問「なぜ車を動かさなければなりませんか？」．「障がい者用の駐車スペースに駐車」(garée sur la place réservée aux handicapés) しているので移動してほしいというスーパーの店内アナウンスです．A.「その駐車スペースは障がい者用である」が正解です．この réservée には「予約されている」という意味はありません．その他の選択肢はそれぞれ B.「駐車料金が未払いです」，C.「駐車場は満車です」．

❷ 設問「このアプリケーションで何ができますか？」．B.「リアルタイムで混雑状況を知る」が正解です．A.「図書館の席を予約する」，C.「図書リストをダウンロードする」は言及されていません．

❸ 設問「何が起こったのですか？」．沿線で起こった火災のために信号機が故障したという状況です．A. を選びます．B. と C. は言及されていません．

❹ 設問「誰を探していますか？」．un professeionnel de la santé agréé は公認された医療従事者という意味なので，医者，看護士などを指します．A.「医者」が正解です．その他の選択肢はそれぞれ B.「病人」，C.「客室乗務員」です．

❺ 設問「あなたは何をしなければなりませんか？」．B.「(バスの) 後ろの方に移動する」が正解です．他の選択肢はそれぞれ A.「バスに乗る」，C.「次のバスを待つ」です．

❻ 設問「講演会の間，…は禁止されています」．mode en vibration は「マナーモード」にあたります．B.「電話をする」が正解です．A.「映像を撮る」と C.「写真を撮る」はいずれも言及されていません．

解 答 1 point par réponse

❶ A.   ❷ B.   ❸ A.   ❹ A.   ❺ B.   ❻ B.

語 彙

□ immatriculé(e)「登録番号のついた→（自動車が）〜ナンバーの」   □ garé(e)「駐車してある」
□ être prié de + inf.「〜してください，〜をお願いします」という定型表現
□ en temps réel「リアルタイムで」   □ affluence「殺到→（映画館などの）混み具合」
□ agréé(e)「公認された」
□ se porter + adj.「〜になる，〜に属する」→ se porter volontaire「志願者になる」
□ faciliter「〜を容易にする，助ける」   □ la montée「登ること」（ここでは「バスに乗車すること」）
□ désactiver「〜を解除する」

EXERCICE 2 6 points

〔設問〕

　ラジオを聞いてください．

　設問を読んでください．録音文を聞いてから答えてください．

〔スクリプト〕

【DOCUMENT 1】

Une information pour un week-end unique. Au Jardin des animaux à Paris, entièrement rénové il y a deux ans, il y a environ 400 animaux ainsi que les 40 manèges dont quatre grands *roller-coasters*. Vous pouvez également profitez de 12 points de restauration.

　　ユニークな週末のための情報です．2 年前に全面的に改装された「パリ動物園」には，4 つの大型ジェットコースターを含む 40 の回転系アトラクションの他に，約 400 の動物がいます．また，12 軒のレストランもご利用できます．

【DOCUMENT 2】

À l'occasion de l'anniversaire des 30 ans de notre supermarché, du mercredi 2 octobre au mardi 8 octobre, un programme exceptionnel vous attend ! Aujourd'hui, pensez à faire un tour au rayon poissonnerie : 6 euros la douzaine de crevettes roses cuites, ça sera 90 centimes les 100 grammes.

　　10 月 2 日 (水) から 8 日 (火) まで，当スーパーの 30 周年を記念して特別なプログラムをご用意しています．本日は，ぜひ魚売り場にお立ち寄りください．ゆでエビを 1 ダース 6 ユーロ，100 グラム 90 サンチームでご奉仕いたします．

【DOCUMENT 3】

Radio Trafic, bonjour. Il est 8 heures. Des difficultés de circulation sont attendues en Centre-Val de Loire. Sur l'A10, entre Bordeaux et Orléans, de 11 heures à 18 heures, et entre Orléans et Paris, de 14 heures à 21 heures. Sur l'A71, la circulation sera également difficile de Bourges jusqu'à Orléans, entre 15 heures et 20 heures.

ラジオ・トラフィックが 8 時をお知らせします．サントル＝ヴァル・ド・ロワール［フランス中部の地域圏］では交通渋滞が予想されます．高速道路 A10 では，ボルドーとオルレアン間で午前 11 時から午後 6 時まで，オルレアンとパリ間で午後 2 時から 9 時まで渋滞が見込まれます．高速道路 A71 でも，ブールジュからオルレアンまで午後 3 時から 8 時の間に渋滞が予想されています．

〔解説〕

❶ 設問「この動物園がリニューアルされたのはいつですか？」．B.「2 年前」を選びます．他の選択肢は A.「今週末」，C.「4 年前」．

❷ 設問「回転系アトラクションはいくつありますか？」．B. が正解です．C.「400」は動物の数です．

❸ 設問「イベントの期間はどれくらいですか？」．du mercredi 2 octobre au mardi 8 octobre を聞き取って，B.「1 週間」を選びます．他の選択肢は A.「1 日」，C.「1 ヶ月」．

❹ 設問「エビの値段はいくらですか？」6 euros la douzaine「1 ダースにつき 6 ユーロ」という部分を聞き取り，A. を選びます．他の選択肢はそれぞれ，B.「2 キロ（の山）につき 12 ユーロ」，C.「（エビ）一尾 90 サンチーム」です．

❺ 設問「（この記事の）主要な情報にどのようなタイトルをつけますか？」．選択肢 A.「慎重な運転」，C.「交通事故」はいずれも本文では直接触れられていません．最適なタイトルは B.「非常に多い交通量」です．ちなみに volant「ハンドル」→ se mettre au volant「ハンドルを握る→車を運転する」．

❻ 設問「ブールジュからオルレアンまでの渋滞予想は，高速道路の何番線ですか？」．C. の「高速道路 A71」を聞き取りましょう．

解 答 1 point par réponse

❶ B.	❷ B.	❸ B.	❹ A.	❺ B.	❻ C.

語 彙

□ le manège「メリーゴーラウンド」，「回転系アトラクション」

□ le *roller-coaster*（英語）「ジェットコースター」のフランス語は les montagnes russes だが，英語もよく使われる．

□ la restauration には「修繕，復元」という意味もあるが，ここでは「外食産業，レストラン業」という意味．

□〜定冠詞＋ douzaine「1 ダースにつき〜」　　□〜 les 100 grammes「100 グラムにつき〜」

EXERCICE 3 6 points

〔設問〕

現在，8 月 11 日金曜日の午後 4 時頃です．あなたの子供が病気です．あなたはかかりつけの医者に電話して，留守録に残されたこのメッセージを聞きます．

設問を読んでください．それから録音を聞き，答えてください．

〔スクリプト〕

Bonjour. Vous êtes bien au 04 82 45 12 20, le cabinet médical du docteur Yves Candolfi. En raison de congés annuels, notre cabinet médical Yves Candolfi sera fermé jusqu'au vendredi 18 août. Il rouvrira le lundi 21 août à 9h15. Pendant cette fermeture, mon collègue, le docteur Thierry Chatillon vous accueillera du lundi au jeudi de 8h45 à 16h15, au numéro 04 91 89 13 20. En cas d'urgence, faites le 15. Nous vous remercions de votre compréhension.

　　こんにちは. イヴ・カンドルフィ診療所, 04 82 45 12 20 です. 年次休暇のため, イヴ・カンドルフィ診療所は 8 月 18 日金曜日まで休業させていただきます. 業務の再開は 8 月 21 日月曜日 9 時 15 分からになります. 休業期間中は同僚のティエリー・シャティヨン医師が, 月曜日から木曜日の午前 8 時 45 分から午後 4 時 15 分まで, 電話番号 04 91 89 13 20 であなたをお迎えします. 緊急の場合には 15 をダイヤルしてください. ご理解いただきありがとうございます.

〔解説〕

❶ 設問「診療所はなぜ閉まっていますか？」に対し, En raison de congés annuels を聞き取り, B.「年次休暇のため」を選びます. 他の選択肢はそれぞれ A.「工事のため」, C.「病気のため」です.

❷「診療所の業務再開はいつですか？」という設問です. Il rouvrira le lundi 21 août という箇所をしっかり聴き取り, C.「8 月 21 日」を選びましょう.

❸ 設問「診療所の休業中は誰が患者を診察しますか？」に対し, A. を選びます. accueillera は動詞 accueillir「（人を）迎える」の単純未来形. C. は「誰も」の意味.

❹ 設問は「あなたが次の月曜日まで待つことにするならば, ～に電話してください」です. 同僚の Thierry Chatillon 医師は月曜日から診察可能ですから, B. を選びましょう.

❺ 設問「すぐに診察が必要な場合は, 何をしなければなりませんか？」に対し, En cas d'urgence, faites le 15「緊急の場合には 15 をダイヤルしてください」を聞き取り, C. を選びましょう. 15 はフランスの緊急医療救助サービス（Service d'aide médicale d'urgence, SAMU「サミュ」）の番号です.

解答　1. 2. 3. [1 point] / 4. 5. [1,5 point]

❶ B.　　　❷ C.　　　❸ A.　　　❹ B.　　　❺ C.

EXERCICE 4　7 points

〔設問〕

　4 つの対話が流れます. それぞれの対話に対応するシチュエーションに ☒ を記入してください.

　《注意》 シチュエーションは 6 つですが, 対話は 4 つしかありません.

　　　　　 シチュエーションを読んでください. 対話を聞いて, 答えてください.

〔スクリプト〕

【対話 1】

— J'ai mal à la tête, il y a longtemps que je n'avais pas eu une migraine aussi forte.

　— 頭が痛いんだ. こんなにひどい頭痛がするのは久しぶりだ.

— Ces derniers temps, il y a une épidémie de grippe. Tu prends toujours le métro pour aller au bureau, il est fort possible que tu aies attrapé la grippe.

　— 最近, インフルエンザが流行ってるわ. あなたは会社へ行くのにいつも地下鉄を使ってるでしょ. インフルエンザに罹ったにちがいないわ.

【対話 2】

— Catherine, je suis là !

　— カトリーヌ, ここだよ!

— Ah ! Sébastien, je suis désolée, je suis en retard …

　— あ! セバスティアン, ごめんね. 遅れちゃって….

— Ne t'en fais pas. Assieds-toi. Tu veux boire quoi ? Je t'invite.

　— 気にしないで. 座って. 何を飲む? 僕がおごるよ.

— Merci beaucoup ! Je prendrai comme toi.

　— ありがとう! あなたと同じのにするわ.

【対話 3】

— Vite, Manon, le train va partir ! À ce rythme, on va le rater !

　— はやく, マノン, 電車が出ちゃうわ! この調子だと乗り遅れちゃうわ!

— Je suis fatiguée et je ne peux pas marcher plus vite, moi ! Combien de temps il faut pour arriver à la gare ?

　— 疲れちゃって, これ以上速くは歩けないわ, 私! 駅までどれくらいかかるの?

— Si on court, 5 minutes.

　— 走れば5分よ.

【対話 4】

— Sophie, ça va mieux maintenant ?

　— ソフィー, 身体の調子は良くなった?

— Oui, un peu mieux. Merci d'être venue me voir. C'est très gentil de ta part.

　— ええ, 少し良くなったわ. 親切に会いに来てくれてありがとう.

— C'est normal. Pas de classe et pas de devoirs, ça doit être assez agréable, non ?

　— 当たり前でしょ. 授業も宿題もないから, 楽しいんじゃないの?

— Pas du tout ! Je mange seule, et je joue seule … C'est plutôt ennuyeux.

　— 全然! 独りで食べて, 独りで遊んで… むしろ退屈だわ.

〔解説〕

❶ Être grippé(e). 「インフルエンザにかかっている」を選びます. avoir la migraine 「頭痛がする」という定型表現が aussi forte で限定されているので, une migraine と

不定冠詞になっています．une épidémie「伝染病／流行」, attraper la grippe「インフルエンザにかかる」なども覚えておきたい表現です．

❷ Être en retard.「遅れる」を選びます．定型表現 Ne t'en fais pas.「気にしないで」は, s'en faire「心配する」の否定命令文．inviter「招待する」が「おごる」という意味合いで使われています．

❸ Être pressé(e).「急いでいる」を選びます．乗る予定の電車に遅れそうな二人が, 駅まで一生懸命に走っているという状況です．冒頭にある動詞 rater はいろいろな意味がありますが, ここでは他動詞「～に乗り遅れる」という意味で使われています．

❹ S'ennuyer.「退屈している」を選びます．入院しているソフィーの友達がお見舞いに来たという状況です．Merci d'être venue me voir.「（私に）会いに来てくれてありがとう」, ça doit être ～「それは～に違いない」などのよく使われる言い回しも覚えておきましょう．

解答　1. 2. 3. [2 points] / 4. [1 point]

Dialogue 1 : C.　　　Dialogue 2 : E.　　　Dialogue 3 : F.　　　Dialogue 4 : D.

PARTIE 2

読解 Compréhension des écrits

EXERCICE 1　[6 points]

〔設問〕

あなたはフランスの旅行代理店で働いています．

以下の資料を読んでください．

---

❶ アリタリア　直行便（1 時間 40 分）
17 h 50 発　19 h 30 着　パリ → フィレンツェ

❷ エール・フランス　直行便（1 時間 25 分）
07 h 15 発　08 h 40 着　パリ → ニース

❸ エール・フランス　直行便（11 時間 15 分）
注意：このフライトは翌日到着です．
15 h 20 発　07 h 35 着　パリ → バンコク［タイ］

❹ モーリシャス・エアー　直行便（11 時間）
注意：このフライトは翌日到着です．
23 h 35 発　12 h 35 着　パリ → モーリシャス島

---

❺ TAP ポルトガル航空　乗り継ぎ 1 回（5 時間 35 分）
　　　　06 h 30 発　　07 h 55 着　　パリ → リスボン
　　　　　　　　　　　　　　　 * リスボンの乗り継ぎ時間 1 時間 30 分
　　　　09 h 25 発　　11 h 05 着　　リスボン → マラケシュ
❻ 複数の航空会社　乗り継ぎ 2 回
　　注意：このフライトは翌日到着です．（24 時間 50 分）
　　　　20 h 20 発　　22 h 30 着　　パリ → マドリード
　　　　　　　　　　　　　　 * マドリードの乗り継ぎ時間 11 時間 55 分
　　　　10 h 25 発　　11 h 15 着　　マドリード → カサブランカ
　　　　　　　　　　　　　　 * カサブランカの乗り継ぎ時間 8 時間
　　　　19 h 15 発　　20 h 10 着　　カサブランカ → マラケシュ

　店にはイースター休暇に海外に行きたい顧客たちが来ます．それぞれの顧客に合う
出発便（3 月 31 日）を選んでください．
　《注意》　人物は 8 組ですが，出発便は 6 便しかありません．
　　　　　　各便に一つだけ ☒ を入れてください．
A. リュシーとヴァンサンは，午後にニースに出発したいと考えています．
B. ローラとトマは滞在期間が短くても複数の国へ行きたいと思っています．
C. セリーヌとジャンは小さな子供が二人いるので直行便でイタリアに行きたいと考え
　ています．
D. ナタリーとジャックはエジプトに行ってピラミッドを観たいと思っています．
E. ステファニーとセバスティアンは初めてアジアの国へ行きたいと思っています．
F. マルティーヌはずっと前から熱帯地方の島で 1 週間過ごすのが夢でした．
G. シルヴィーとパスカルは，多くても 1 回の乗り継ぎでマラケシュへ行く予定です．
H. マリーとニコラはフランスの海辺に滞在する予定です．

〔解説〕
A. Lucie et Vincent : ❷ はニース行きの便ですが，出発が午前中なので，「午後にニー
　スに出発したい」という希望に沿いません．
B. Laura et Thomas : 「滞在期間が短くても複数の国へ行きたい」とありますから，乗
　り換えがあり，複数の国を巡る ❺ か ❻ の可能性があります．ただ，❺ だと 1 時
　間 30 分しか乗り換えがありませんから，実際問題としては ❻ が彼らに適している
　でしょう．une escale「寄港／途中着陸（地）」．
C. Céline et Jean : 二人の小さな子供連れで，「直行便でイタリアに行きたい」とあり
　ますから ❶ が当てはまります．
D. Natalie et Jacques : 「エジプトに行ってピラミッドを観たい」という希望に沿う便

はありません.

E. Stéphanie et Sébastien :「アジアの国」は ❸ のタイしかありません.

F. Martine : une île tropicale「熱帯地方の島」は，選択肢の中にはマダカスカルの東に位置する île de Maurice「モーリシャス島」しかありません. ❹ が正解です.

G. Sylvie et Pascal : avec une escale maximum は「最大で1回の乗り継ぎ→多くても1回の乗り継ぎ」でマラケシュ（モロッコの観光地）へ行きたい彼らには ❺ がお勧めです. ❻ もマラケシュ行きですが，乗り継ぎが2回あります.

H. Marie et Nicolas :「フランスの海辺」に該当する旅行先は ❷ です.

解 答　1 point par réponse

❶ C.　　　　❷ H.　　　　❸ E.　　　　❹ F.　　　　❺ G.　　　　❻ B.

EXERCICE 2　6 points

〔設問〕

あなたは Sylvain Pasquier です. たった今このメールを受け取りました. 設問に答えてください.

差出人： saint-jean-de-luzhotel@courriel.fr
受取人： sylvain@courrier.fr
件名： Re : 2 部屋の予約
日時： le 09/07/2023 22h33

こんにちは. ご連絡ありがとうございました.
以下がご要望のお部屋の値段です.
- シャワー付きルーム（2 部屋）：190 ユーロ（2 泊）＝380 ユーロ

他にもダブルベッドと二段ベッド付きのファミリールームがあります. この 4 名用の部屋（17m²）は 330 ユーロ（2 泊）とお安くなっております. こちらをお望みの場合は，お手数ですが 044 511 21 19（7h ～ 22h）までお電話ください.
ホテル・サン＝ジャン＝ド＝リュズ

Original Message

〔解説〕

❶ 「**このメールの目的は何ですか？**」という設問に，A.「情報を提供する」を選びます．ホテル側は複数の選択肢を用意しているので，まだ予約が確定したわけではありません．その他の選択肢は B.「支払いのお願い」，C.「予約確認に対して礼を述べる」です．

❷ 設問は「**当初，希望していた部屋は何ですか？**」という意味です．あなた（Sylvain Pasquier という設定）が最初に送ったメールの件名に「2部屋の予約」とあります．B. を選びます．

❸ 「**ホテルは何を提案しましたか？**」という設問です．最初に希望したのは2部屋で380ユーロという条件でしたが，ホテルが勧める une chambre familiale avec 1 lit double et 2 lits superposés「ダブルベッドと二段ベッド付きのファミリールーム（1部屋）」は330ユーロと，当初の2部屋よりも安い値段です．当初の部屋の大きさが書かれていないので，B.「より大きな部屋」であるかは分かりません．また，4人部屋なので A.「個室」も当てはまりません．C.「より安い部屋」を選びます．

❹ 設問は「**安い方の部屋を選ぶ場合，料金は…**」です．

❺ 設問「**予約を確定するために，ホテルは何をするよう求めていますか？**」に対しては，veuillez nous appeler à 〜「〜までお電話ください」とありますから，A.「ホテルに電話する」を選びます．他の選択肢はそれぞれ B.「ホテルに E メールで答える」，C.「支払いをする」です．

解答　1. 2. 5. [1 point] / 3. 4. [1,5 point]

❶ A.　　　❷ B.　　　❸ C.　　　❹ A.　　　❺ A.

EXERCICE 3 〔6 points〕

〔設問〕

あなたはインターネットでこのページを読んでいます．設問に答えてください．

パリ市

パリ農場へようこそ

　パリ農場は 5 ヘクタールの農場で教育的な使命をもっています．有機農法の技術，建築物の環境に優しい改築など，環境に優しい経営を目指しています．

平日のイベント：環境に関心を持ってもらうためのワークショップ，見学，展示会，講演と討論などがあります．

週末のイベント：来場者は一年中，羊の剪毛（せんもう）や搾乳（さくにゅう）だけでなく，生まれたばかりの動物の子の観察などの農場の仕事に立ち会うことができます．テーマデーが季節ごとに開催され，ガイドツアーやワークショップなどがあります．

開場時間：

10 月から 3 月まで：土曜日と日曜日の 13：30 ～ 17：00（祝日を除く）．平日は休業となります．

4 月から 9 月まで：学校の春季休暇・夏季休暇期間中は，土曜日と日曜日の 13：30 ～ 18：30，火曜日から金曜日の 13：30 ～ 17：30．月曜日と祝日は休業します．終了 30 分前までに入場してください．

料金：入場無料．

アクセス：RER 線 Joinville-Le-Pont 駅下車，徒歩 20 分．地下鉄 1 号線 Château de Vincennes 駅下車，112 番バス Carrefour de Beauté バス停下車，Route de la Ferme を徒歩 15 分．

〔解説〕

❶ 設問は「**この広告は何を提案していますか？**」です．冒頭に Bienvenue à la Ferme de Paris「パリ農場にようこそ」とあります．また，une exploitation にも「農場」という意味があります．A.「農場を見学する」を選びます．この農場を管轄しているのが Mairie de Paris「パリ市役所」であって，C.「市役所を見学する」ことではありません．B. は「動物園を見学する」です．

❷ 設問は「**あなたは 6 月のある火曜日にパリ農場へ行きます．どんなイベントに参加できますか？**」です．火曜日は En semaine「平日」ですから，B.「講演と討論」を選びます．conférence(-)débat は最初に講演があり，その後，講演者と聴衆の間で討論がある形式の講演会のことです（conférence(s) suivie(s) de débats）．A.「羊の剪毛（せんもう）」や C.「生まれたばかりの動物の子の観察」は週末のイベントです．

nouveau-né(e) は「(動物の) 生まれたばかりの子／ (人間の) 新生児」.

❸ 設問は「**5 月の日曜日に農場に入れるのは〜時までです**」. Horaires「開場時間」の情報をしっかり読み取れるどうかが問われています. 5 月 (mai) ですから D'avril à septrembre の項目を読むと, 日曜日の閉門時間は 18 時 30 分です. ただし, 「閉門時間の 30 分前に入場してください (Dernière entrée 30 minutes avant la fermeture)」と但し書きがあるので C.「18 時まで」が正解です.

❹ 設問は「**パリ農場の入場料は無料です**」で, Entrée libre「入場無料」とありますから Vrai (正) を選びます.

❺「**農場の飼育場 (la basse-cour) には, …がいます**」で, 農場の案内図を見ると, basse-cour には C.「ニワトリ」のイラストが描いてあります. A.「ウサギ」は le clapier「ウサギ小屋」に, B.「牛」は la prairie「牧草地」に描かれています.

❻ 設問は「**パリ農場に最も近い交通機関はどこですか?**」です. B. Joinville-Le-Pont からは徒歩 20 分, C. Carrefour de Beauté からは徒歩 15 分なので, C. を選びます.

解 答　1 point par réponse

❶ A.　　❷ B.　　❸ C.　　❹ ☒ Vrai　　❺ C.　　❻ C.

EXERCICE 4　7 points

〔設問〕
　あなたはフランスのウェブサイトでこの記事を読んでいます. 設問に答えてください.

より速く, より感情豊かに

　昨年アメリカ人 1,400 人に対して実施された調査によると, アメリカでは大人の 4 人に 1 人, 青少年の 2 人に 1 人がスマートフォンに話しかけています. 中国発の流行がフランスにも広まりました. トマ・ガイノは音声メッセージを 12 秒間送信できるアプリケーションを開発しました. 「当初は, 言語が数千文字からなるアジア諸国だけに見られる文化特質だと考えられていましたが, このアプリはより速い入力, より感情的で, 誤解がより少ないメッセージを提供します」.

　「誤解がより少ない」というのは, 私たちは普段ありとあらゆる絵文字でメールを装飾しているのに, 文字で書かれているものは曖昧なままであるからです. この記事の筆者によると, あなたの親しい友人でさえ, あなたのメールの中の皮肉を見分けることは難しいそうです. 記事は「メッセージングアプリは慎みがなさすぎる」とまとめ, ボイス・メッセージングのことを「音声の親密さを保てる理想的な解決法」と評しています.

〔解説〕

❶ 設問「**この記事は何について書かれていますか？**」には C.「ボイスメッセージの発展について」が適当です．他の選択肢 A.「電話で話す習慣」は本文には書かれていません．B.「電子メールでの絵文字の使用」は曖昧な側面があるので，ボイスメッセージが広がる可能性がある，というのが本文の主張です．

❷ 設問「**この調査によると，大人の4人に1人がスマートフォンで（テキストを）書いています**」．新しいアプリを使って「スマートフォンに話しかける」人が増えているという記事ですから，ここでは間違いになります．

❸ 設問「**このボイスメッセージはどこから来ましたか？**」には B.「中国から」を選びましょう．

❹「**トマが開発したアプリケーション**」がどのようなものかが問われています．A.「ボイスメッセージを送る」が適切です．他の選択肢はそれぞれ，B.「絵文字で装飾されたメッセージを送る」，C.「アジア諸国向けである」です．

❺ 設問は「**音声メッセージは書かれたメッセージよりも感情的です**」で，本文の主旨に沿っています．

❻「**非常に親しい友達でさえも，電子メール中の皮肉を見分けることが難しい**」理由を答える設問です．A.「文字メッセージが曖昧であるから」が記事の主張です．他の選択肢はそれぞれ，B.「ボイスメッセージが曖昧であるから」，C.「入力が速いから」です．

解 答　1.6. [1,5 point] / 2.3.4.5. [1 point]

❶ C.　　❷ ☒ Faux　　❸ B.　　❹ A.　　❺ ☒ Vrai　　❻ A.

PARTIE 3

文書作成 Production écrite

EXERCICE 1 13 points

〔設問〕

　先週末，あなたはパリで初めてオペラに行きました．その話をフランス人の友達に話してください．（60語以上）

作文例

Salut Eva !

Samedi soir, je suis allée voir Carmen avec ma cousine à l'opéra Bastille. C'était la première fois pour moi ! Oui, de l'extérieur, le bâtiment a l'air un peu froid, mais la salle est immense … quel bel endroit ! En plus les sièges sont confortables. Le spectacle était vraiment magnifique, avec d'excellents danseurs !

J'espère y retourner un jour avec toi.

À bientôt !

[Votre prénom]

[67 mots]

> Salut エヴァ！
> 土曜の夜，いとことオペラバスティーユへ『カルメン』を観に行ったの．私の初オペラ！ 外から見ると建物は少し冷たい感じがするけど，劇場はものすごく大きかった…なんて美しい場所なの！ それに座席は快適だったわ．すばらしい踊り手による舞台は本当に素敵だった！
> いつかあなたと一緒にまたあそこに行きたいわ．
> またすぐにね！
> [名前]

EXERCICE 2 12 points

〔設問〕

　あなたはこの招待状を受け取りました．あなたの友人に返事を書いてください．招待してくれたことに感謝した上で，断ってください．なぜ行くことができないかを彼女に説明してください．（60語以上）

招　待　状

セリーヌ・ラフォンが『ブティック・ラフォン』の開店を祝う
カクテルパーティーにあなたを招待します.
日時：2023 年 5 月 19 日（金）19 時〜
場所：50 rue Edouard Herriot, 69002, Lyon
ご返答お願い致します.

作文例

Chère Céline,

C'est gentil de m'inviter au cocktail d'ouverture de ta boutique. Je te remercie d'avoir pensé à moi. Je suis désolée, mais je ne serai malheureusement pas disponible le 19 mai. Ce jour-là, je dois aller à Saint-Étienne pour aider au mariage de mon petit frère. J'aurais bien aimé venir. Si tu es d'accord, je viendrai te voir un autre jour.

Merci encore pour ton invitation.

[votre prénom]

[75 mots]

> Chère Céline（親愛なるセリーヌ）へ
> あなたのお店の開店カクテルパーティーに招待してくれてありがとう. 私のことを考えてくれて嬉しいわ. でもごめんなさい. 残念だけど 5 月 19 日は空いてないの. その日はサン＝テティエンヌへ行って，弟の結婚式を手伝わなくちゃならないの. あなたのパーティーにすごく行きたかったのよ. よければ，別の日にあなたに会いに行くわ.
> 招待してくれてありがとう.
> ［名前］

PARTIE 4

口頭表現（口頭試験） Production orale

■ Entretien dirigé　自己紹介（約 1 分 30 秒）

A2 [1] 参照.

■ Monologue suivi　短い口頭発表（約 2 分）

〔設問〕

Sujet 1　テレビ

あなたはテレビを見ますか？　週に何回見ますか？

解答例 37

Oui, je regarde la télévision tous les jours (2 à 3 fois par semaine / 1 fois par semaine). / Quand j'étais petit(e), je regardais souvent la télé. Maintenant, je vais plutôt sur Internet avec mon smartphone. / Je regarde tous les jours le journal télévisé. / J'aime regarder les feuilletons (les émissions de variété / les documentaires).

はい，私は毎日（週に 2 〜 3 回 / 週に 1 回）テレビを見ます. / 小さい頃，テレビをよく見ていました. 今はむしろスマートフォンでインターネットを見ています. / 毎日ニュースを見ています. / 私は連続ドラマ（バラエティショー / ドキュメンタリー）を見るのが好きです.

Sujet 2　週末

あなたは週末に何をしますか？

解答例 38

Je joue au football (tennis / badminton) avec mes amis. / Je vais au cinéma (au théâtre) avec mon copain (avec ma copine). / Je fais des courses dans les magasins (dans le grand magasin / au supermarché) au centre-ville. / Je me promène dans la campagne. / Je reste à la maison (Je ne sors pas). / Je vais faire la grasse matinée. / Je lis des magazines. / Je regarde la télé (des DVD).

私は友達とサッカー（テニス / バドミントン）をします. / 私はボーイフレンド（ガールフレンド）と一緒に映画館（劇場）に行きます. / 私は中心街の商店（デパート / スーパーマーケット）で買い物をします. / 私は田舎で散歩をします. / 私は家にいます（私は外出しません）. / 私は朝寝坊するつもりです. / 私は雑誌を読みます. / 私はテレビ（DVD）を見ます.

Sujet 3 インターネット

あなたはインターネットを利用しますか？ どうしてですか？

解答例 🎧 39

Oui, je surfe sur le web avec mon smartphone (au bureau / chez moi / dans un café d'Internet). Car Internet est très pratique pour chercher des informations, par exemple, d'un restaurant ou d'une boutique etc. / Oui, j'utilise Internet très souvent. Parce que j'adore jouer aux jeux en ligne. / Oui, mais j'utilise Internet uniquement pour consulter mes mails. Car je n'ai pas beaucoup de temps libre pour le moment.

> はい，私はスマートフォンで（オフィスで / 自宅で / インターネットカフェで）ネットサーフィンをします．インターネットは，例えばレストランやお店などの情報を検索するのにとても便利だからです．/ はい，私はかなり頻繁にインターネットを使います．ネットワークゲームをするのが大好きだからです．/ はい，使いますが，メールチェックのためだけです．今，あまり暇な時間がないからです．

■ **Exercice en Interaction** ロールプレイング（3〜4分）

Sujet 1 プレゼント

あなたの親友に子供が産まれました．あなたはおもちゃ屋へ行って，彼女に出産祝いを買ってください．店員に質問してください．

面接官が店員の役を演じます．

解答例 🎧 40

Bonjour. Je cherche un cadeau de naissance. C'est pour le bébé de ma meilleure amie qui vient de naître. / Je voudrais un cadeau pour un bébé de 3 à 6 mois. / C'est une fille (C'est un garçon). / Je voudrais offrir quelque chose de spécial et d'original. Vous avez des idées ? / Finalement, je vais prendre des bodys (des vêtements / des petits chaussons / une peluche). / Merci mademoiselle, au revoir.

> こんにちは（おはようございます）．私は出産祝いを探しています．親友の生まれたばかりの赤ちゃんのためです．/ 3〜6ヶ月の赤ちゃんのためのプレゼントが欲しいのですが．/ 女の子です（男の子です）．/ 特別でオリジナルな何かを贈りたいのですが，アイデアはありますか？/ 赤ちゃん用の肌着（服 / 靴下 / ぬいぐるみ）にします．/ ありがとうございます．さようなら．

あなたは DELF の準備のためにリヨンにあるフランス語学学校で夏期講習を受講したいと思っています．語学学校の事務局に直接行って，登録についての質問をしてください（期間，料金，レベル…）

面接官が事務局職員の役を演じます．

解答例 41

Bonjour. Je viens pour m'inscrire aux cours d'été pour la préparation du DELF. / Je suis débutant(e). Mais, j'ai étudié le français pendant 2 ans à l'Université au Japon. / Les cours vont commencer quand ? / Combien de niveaux y a-t-il ? / Est-ce qu'il y a un test d'entrée pour les cours d'été ? / Combien d'élèves y a-t-il dans la classe ? / Comment est-ce que je peux évaluer mon niveau de français ? / Combien coûtent les frais d'inscription aux cours d'été ?

> こんにちは（おはようございます）．DELF 準備のための夏期講習に登録しに来ました．／私は初心者です．でも，日本の大学で 2 年間フランス語を勉強しました．／クラスはいつ始まるのですか？／レベルはいくつありますか？／夏期講習の入学試験はありますか？／クラスに学生は何人いますか？／自分のフランス語のレベルをどうやって評価するのですか？／夏期講習の登録料はいくらですか？

Sujet 3 住居

あなたはあなた方夫婦のために新しい住居が必要です．ある賃貸マンションを訪れて，そのマンションについて不動産業者に質問してください（部屋数，賃貸料，管理費…）．

面接官が不動産業者の役を演じます．

解答例 42

Il y a combien de pièces ? / Quel est le montant du loyer ? / Quel est le montant du dépôt de garantie ? / Est-ce le loyer charges comprises ? / Combien coûtent les charges ? / Est-il permis d'avoir des animaux de compagnie ? / A-t-on le droit de jouer de la musique dans l'appartement ? / Il y a quel type de chauffage ? / Il y a une cave ou un grenier ? / Est-ce qu'il y a un endroit pour ranger les bicyclettes ?

> 部屋数はいくつですか？／賃貸料はいくらですか？／保証金はいくらですか？／家賃に管理費は含まれていますか？／管理費はいくらですか？／ペットを飼うことは許されていますか？／アパートで音楽を演奏することはできますか？／どのような種類の暖房がありますか？／ワインセラーか屋根裏部屋はありますか？／駐輪する場所はありますか？

PARTIE 1

聴解　Compréhension de l'oral

国民教育省，国際教育研究センター．「ヨーロッパ共通参照枠組み」の A2 レベル・DELF，口頭試験〔共通〕

いくつかの録音文を聞いてください．それぞれ 2 回ずつ読まれます．それぞれの録音文の直前に，効果音（「タララララン」）が流れます．Exercice 1, 2, 3 では，正しい答えに ☒ をつけてください．

EXERCICE 1　6 points

〔設問〕

公共の場におけるアナウンスを聞いてください．

設問を読んでください．録音文を聞いてから答えてください．

〔スクリプト〕

【DOCUMENT 1】

Nous arrivons à l'aéroport Charles-de-Gaules. Avant de descendre, vérifiez que vous n'avez rien oublié à bord. Merci d'avoir choisi le Roissy Bus. Nous espérons vous revoir bientôt. Bon voyage.

シャルル・ド・ゴール空港に到着しました．お降りになる前に，車内にお忘れ物がないかご確認ください．この度は，ロワシーバスをご利用いただきありがとうございます．皆様のまたのご利用をお待ちしております．良いご旅行を．

【DOCUMENT 2】

Pour le réveillon du Nouvel An, la RATP vous informe que certaines lignes de métro, RER et bus sont ouvertes toute la nuit du 31 décembre. Plus d'informations sur RATP.fr.

RATP からのお知らせです．大晦日のお祝いのために 12 月 31 日は，一部の地下鉄，RER，バス路線が終夜運転を実施いたします．詳しくはホームページ RATP.fr をご覧ください．

【DOCUMENT 3】

Chers spectateurs, vos téléphones doivent être éteints lors de l'entrée en salle. Nous vous informons qu'il est interdit de photographier, de filmer ou d'enregistrer le spectacle. L'ouvrage fait l'objet d'un sur-titrage français-anglais.

ご来場の皆さま，劇場に入るときは携帯電話の電源をお切りください．オペラの写真撮影，ビデオ撮影，録音は禁止されていますのでご注意ください．この作品にはフランス語と英語の字幕が付いています．

【DOCUMENT 4】

Chers clients, il est maintenant 17h30. Votre magasin ferme ses portes dans 15 minutes. Nous vous demandons de vous diriger vers la sortie. Demain, votre magasin est ouvert de 8h30 à 12h30.

ご来店いただきありがとうございます．ただ今 5 時半です．あと 15 分で閉店になります．出口に向かって移動していただくようお願いいたします．当店の明日の営業時間は 8：30 〜 12：30 になります．

【DOCUMENT 5】

Votre attention s'il vous plaît, les passagers du vol AF1680, à destination de Londres, sont priés de se rapprocher de la porte K36 afin de s'enregistrer. Veuillez sortir votre billet et votre pièce d'identité pour les présenter aux hôtesses. Merci.

ロンドン行き AF1680 便をご利用のお客様は K36 ゲートに移動し搭乗手続きをしてください．客室乗務員が確認できるように，お手元に航空券と身分証明書をご用意ください．ご協力ありがとうございます．

【DOCUMENT 6】

Mesdames et Messieurs, dans les salles des collections permanentes, il est permis de photographier et de filmer. L'usage du flash n'est en revanche pas autorisé. Dans les salles d'expositions temporaires, il est interdit de photographier et de filmer. Merci pour votre compréhension.

ご来館の皆さま，常設展示室での写真と映像の撮影は可能です．ただし，フラッシュの使用はできません．臨時展示場では写真と映像の撮影が禁止されています．ご理解いただきありがとうございます．

〔解説〕

❶ 設問「あなたは何をしなければなりませんか？」．Avant de descendre「降りる前に」，それから avoir choisi le Roissy Bus「ロワシーバスを選んだ」などから，空港行きのリムジンバスから降りる状況だと分かります．

❷ 設問「追加情報はどうやって入手できますか？」．フランスのドメイン名「.fr(ポワン・エフ・エール)」から，追加情報は RATP のホームページから入手できることが分かります．B を選びます．

❸ 設問「このメッセージはどこで聞くことができますか？」．spectacle「(演劇，映画などの) 見世物」は C. の「コンサート」も当てはまりそうですが，sur-titrage「(オペラなどの) 舞台上の同時翻訳」が言及されているので，A.「オペラ」を選びます．

❹ 設問「今日の閉店時間は何時ですか？」．現在 17 時 30 分で，15 分後に閉店するので，C. を選びます．

❺ 設問「あなたは何をしなければなりませんか？」．s'enregistrer「チェックイン」を聞き取り，A. を選びます．

❻ 設問「常設コレクションの部屋では，…が禁止されています」．常設コレクションの部屋では，A.「写真を撮る」，B.「映像を撮る」は許可されていますが (être permis)，C.「フラッシュの使用」は禁止されています．

解答 　1 point par réponse

❶ C.　　❷ B.　　❸ A.　　❹ C.　　❺ A.　　❻ C.

語 彙

☐ le réveillon「（クリスマスイブや）大晦日の夜食（祝い）」
☐ RATP (R.A.T.P. = Régie autonome des transports parisiens) パリ交通公団．地下鉄とバスの運営にあたる．
☐ RER (R.E.R. = Réseau express régional) 首都圏高速交通網．RATP と国鉄の運営によるパリと近郊を結ぶ公共交通機関．
☐ faire l'objet de 〜「〜の対象になる，〜を受ける」
☐ le sur-titrage「新聞のわき見出し / （オペラなどの）舞台上の同時翻訳」 **cf.** le sous-titrage「（映画の）字幕スーパー」
☐ permanent(e)「常設の」 ⟷ temporaire「一時的な，臨時の」
☐ en revanche「その代わりに，反面」

EXERCICE 2 　6 points

〔設問〕
　あなたはラジオを聞いています．
　設問を読んでください．録音文を聞いてから答えてください．

〔スクリプト〕
【DOCUMENT 1】
Radio Info France. Bonjour. Info travaux. Ce week-end, du 13 au 14 janvier, aucun train ne circule entre Paris-Montparnasse et Versailles-Chantiers dans les deux directions. La circulation reprendra le 15 janvier à 6h45. Si vous devez vous déplacer, vous pouvez retrouver les itinéraires alternatifs sur www.transilien.com.

　　Radio Info France. おはようございます（こんにちは）．工事情報です．今週末，1月13日から14日にかけて，パリ＝モンパルナスとヴェルサイユ＝シャンティエ間では，両方向の列車が運行されません．運行は1月15日の午前6時45分に再開します．どうしても移動が必要な場合は，www.transilien.com で代替ルートを見つけることができます．

【DOCUMENT 2】
Ce samedi, il y aura « la 4ème édition de la Fête de l'océan ». En raison de la crise sanitaire, elle sera diffusée en direct et en ligne. Vous pouvez y participer en envoyant des photos, dessins ou poèmes sur l'océan pour le raconter à votre façon.

　　今週の土曜日は《第4回・海の祭典》が開催されます．医療危機を考慮して，インターネット上の生放送での配信を予定しています．海に関する写真・絵・詩などを送って，あなた流のやり方で海について語ることによって，祭典に参加することができます．

« France-info il est dix heures. En septembre dernier, la ministre de la Santé avait annoncé que le prix du tabac allait augmenter dès ce lundi. Certains paquets de la célèbre marque américaine passent de 6,90 à 7 euros. En plus, le prix du tabac à rouler va augmenter d'environ 15%.

> フランスアンフォが 10 時をお知らせします. 去る 9 月, 保健大臣はタバコが今週の月曜日から値上げされることを発表しました. 有名なアメリカ銘柄のいくつかは 6.90 ユーロから 7 ユーロに値上がりします. また, 巻きタバコの価格は約 15% 上昇します.

〔解説〕

❶ 設問「**この期間の列車運行状況について, 正しいものを選んでください**」. dans les deux directions を聞き取って, C. を選びます.

❷ 設問「**電車の運行が正常化するのはいつですか？**」. La circulation reprendra 〜「交通は〜に再開する」の部分を聞き取って, C. を選びます.

❸ 設問「**このイベントはどこで行われるのですか？**」. elle (= la Fête de l'océan) sera diffusée en direct et en ligne. を聞き取り, C.「ネットの生中継で」を選びます. 他の選択肢はそれぞれ, A.「聴衆の前で」, B.「テレビの生中継で」です.

❹ 設問「**参加するには, 何を送ればいいのですか？**」. B.「海に関する写真」が正解です. A.「海に関する歌」, C.「海に関する小説」については言及されていません.

❺ 設問は「**このテキストの主要テーマは〜**」です. このニュースでは, B.「タバコの値上がり」が論じられています. 他の選択肢はそれぞれ A.「ユーロの値上がり」, C.「税金の値上がり」です.

❻ 設問は「**アメリカ銘柄の箱入りタバコの値段は〜になる**」です. ニュースでは「6.90 ユーロから 7 ユーロに値上がりする」と言っているので B. を選びます.

解 答	1 point par réponse				
❶ C.	❷ C.	❸ C.	❹ B.	❺ B.	❻ B.

語 彙

☐ un itinéraire「経路, ルート」　　☐ alternatif, ve「代替の, 代わりの」

☐ En raison de la crise sanitaire「医療危機を考慮して」（コロナ禍による行動規制・人員制限を説明するためによく使われる言い回し）

☐ à sa façon「自分の流儀で, 自分なりに」

EXERCICE 3 　6 points

〔設問〕

　あなたはフランスに住んでいます. 留守録に残されたこのメッセージを聞きます. 設問を読んでください. それから録音を聞き, 答えてください.

〔スクリプト〕

Bonjour, c'est votre garage FeuVert à Paris. Vous nous avez confié votre voiture immobilisée il y a trois jours. Nous l'avons bien réparée. Finalement, nous avons seulement changé la batterie. Il n'y a pas d'autres anomalies. Merci de venir chercher votre voiture, et nous retourner la voiture que nous vous avons prêtée. Pouvez-vous rappeler le 01 43 73 20 98 pour nous indiquer quand vous souhaitez venir ? On est ouvert de 9h30 à 18h30. Nous vous donnerons la facture à ce moment-là. Merci par avance de votre réponse. Bonne journée.

　こんにちは．いつもお世話になっております．パリの修理工場フーベールです．3日前にお預けいただいた動かなくなったお車ですが，修理が終わりました．結局，バッテリー交換だけで済みました．他に異常はございません．お車の引き取りと，お貸ししている車両の返還にいらしてください．01 43 73 20 98 に電話をして，いつらっしゃるかを教えていただけますか？ 営業時間は午前9時30分から午後6時30分までです．その際に請求書をお渡しします．お返事よろしくお願いいたします．失礼いたします．

〔解説〕

❶ 設問は「これは何のメッセージですか？」です．C.「修理工場のメッセージ」を選びます．他の選択肢はそれぞれ A.「車の広告」，B.「修理の依頼」です．

❷ 設問「誰が話していますか？」．正解は B.「修理工」です．他の選択肢はそれぞれ A.「友達」，C.「同僚」です．

❸ 設問は「3日前に何が起こったのですか？」です．録音の冒頭の votre voiture immobilisée を聞き取って，同じような意味の A.「あなたの車が動かなくなりました」を選びましょう．他の選択肢はそれぞれ B.「あなたは事故に遭いました」，C.「あなたの車が消えました」です．

❹ 設問「あなたは〜のために折り返し電話をします」に対し，A.「あなたが来る日時を指定するため」を選びます．他の選択肢はそれぞれ B.「この人（修理工）にいつ来てもらえるかを尋ねるため」，C.「修理代がいくらか尋ねるため」です．

❺ 設問「電話した後，あなたは何をしなければなりませんか？」．適切な答えは C.「自分の車を取りに行く」です．代車を返さなくてはならないので，A.「公共交通機関で《FeuVert》に行く」は選べません．B. は「レンタカーを借りに行く」で文意に沿いません．

❻ 設問「《FeuVert》は〜時に閉まります」．On est ouvert de 9h30 à 18h30. を聞き取り，B. を選びましょう．

解答	1 point par réponse

❶ C.　　❷ B.　　❸ A.　　❹ A.　　❺ C.　　❻ B.

EXERCICE 4 [7 points]

〔設問〕
4つの対話が流れます．それぞれの対話に対応するシチュエーションに ☒ を記入してください．

《注意》 シチュエーションは6つですが，対話は4つしかありません．
シチュエーションを読んでください．対話を聞いて，答えてください．

〔スクリプト〕
【対話 1】
— Allô Louise, c'est Zoé, je ne te dérange pas maintenant ?
　　— もしもしルイーズ．ゾエよ．今大丈夫？
— Non, pas du tout, je suis en train de regarder un film ennuyeux à la télé. Dis-moi.
　　— 大丈夫，大丈夫．テレビで退屈な映画を観ていたところだから．何？
— Écoute, aujourd'hui, quand j'attendais le bus pour rentrer, quelqu'un m'a appelée de l'autre côté de la rue. Au début, je ne l'ai pas reconnue, puis je me suis rendue compte que c'était Sarah Tremblay. Tu te souviens d'elle ?
　　— ねえ聞いて，今日，家へ帰るのにバスを待っていたら，誰かが通りの向こうから私を呼んだの．最初は，誰だかわからなかったけど，じきにそれがサラ・トランブレイだと気付いたわ．あなた，彼女のこと覚えてる？

【対話 2】
— Isabelle, si tu as du temps ce samedi, ça te dit d'aller au cinéma ensemble ?
　　— イザベル，今週の土曜日に時間があれば，一緒に映画館に行くのはどう？
— Ce samedi ... J'ai rendez-vous avec Émilie.
　　— 今週の土曜…エミリーと約束があるの．
— Dans ce cas, ce dimanche, tu es disponible ?
　　— それなら，今週の日曜は空いてる？
— Oui, allons-y.
　　— ええ，行きましょう．

【対話 3】
— Pardon Madame, je cherche la station de métro Saint-Paul ?
　　— すみません．地下鉄のサン＝ポール駅を探しているのですが．
— Ah, vous n'êtes pas dans la bonne direction. Retournez jusqu'à la place des Vosges, traversez la place, et prenez la première à droite. Passez devant le restaurant chinois, et continuez à peu près 50 mètres, vous verrez la station de métro Saint-Paul.
　　— あら，この方向じゃないわよ．ヴォージュ広場まで戻って，広場を横切ってから，最初の道

を右にお曲がりなさい．中華料理屋の前を過ぎて，だいたい 50 メートルほど行ったらサン＝ポール駅よ．

【対話 4】
— Monsieur, Georges ne peut pas venir à l'école aujourd'hui.

  — 先生，ジョルジュは今日学校に来れません．

— Oh ? Il est malade ?

  — えっ？ 病気ですか？

— Oui, il a un rhume. Il a mal à la tête, de la fièvre, et un peu de toux.

  — はい，彼は風邪をひいています．頭が痛くて，熱があって，少し咳をしています．

〔解説〕

❶ B.「旧友に出会う」を選びます．友達同士の電話での会話です．Au début, je ne l'ai pas reconnue.「最初は（彼女のことが）誰だか分からなかった」の reconnaître は「（人）を識別する，（人）が誰か分かる」という意味です．je me suis rendue compte que ... は 成句 se rendre compte que ... (de ...)「〜に気づく，〜が分かる」の複合過去形です．

❷ E.「会う約束をする」を選びます．ça te dit de 〜は定型表現 ça vous (te) dit de ＋不定詞「〜する気はありますか（ある）？」

❸ F.「道（行き方）を探す」を選びます．路上で，地下鉄のサン＝ポール駅の行き方を尋ねるというシチュエーションです．Vous n'êtes pas dans la bonne direction. は「（良い方角に進んではいない→）あなたは道を間違えている」という意味になります．

❹ A.「欠席を説明する」を選びます．ジョルジュの友達が先生に，ジョルジュの欠席の理由を説明するという会話です．avoir un rhume「風邪をひいている」．

解 答	1. 2. 3. [2 points] / 4. [1 point]
Dialogue 1 : B.　　Dialogue 2 : E.　　Dialogue 3 : F.　　Dialogue 4 : A.	

PARTIE 2

読解 Compréhension des écrits

EXERCICE 1 [6 points]

〔設問と解説〕

　以下の A 〜 F の文章に対応する図の番号を記してください.

　《注意》図は 8 枚ですが，文章は 6 つしかありません.

　　　　　それぞれの文章に 1 つだけ ☒ を入れてください.

A. あなたは今購入しなければなりません. その方が安いです.

B. 車のスピードに注意を払う必要があります.

C. ここに駐車できるのは住人だけです.

D. 右折してはいけません.

E. 転ばないように注意してください.

F. ここに駐車してはいけません.

〔それぞれの図の説明〕

❶「右折禁止」の道路標識.

❷「床が滑りやすいので，ご注意を」の標識. スーパーなど公共施設で見かけます.

❸ ガソリンスタンド (poste à essence, poste d'essence) の道路標識.

❹ réservé(e) à 〜「〜に宛てられた，〜専用の」. résident はここでは「居住者」(「在留者」という意味もあります).

❺ pour votre sécurité「あなたの安全のために」，contrôles automatiques「自動検査（所）→ レーダー取り締まり，ネズミ取り (contrôle-radar)」.

❻ stationnement gênant「邪魔になる駐車 → 駐車禁止（レッカー移動されますよ）」. stationnement interdit「駐車禁止」という表現もあります.

❼「工事中」の標識.

❽ liquidation「在庫一掃セール」，réductions à ne pas rater !「逃してはいけない数々の割引！」.

解答 [1 point par réponse]

A. ❽　　　B. ❺　　　C. ❹　　　D. ❶　　　E. ❷　　　F. ❻

EXERCICE 2　6 points

〔設問〕

　あなたはフランスのアヌシーの観光案内所で働いています．あなたはたった今このメールを受け取りました．設問に答えてください．

差出人：Nadine Meyer

受取人：officedutourismeannecy@courrier.fr

日時：le 15/05/2023

Madame, Monsieur,

　こんにちは．私はこの夏，7 月 31 日（月）から 8 月 20 日（日）まで，アヌシーに滞在する予定です．いくつかの質問をするためにメールしました．

　まず，アヌシー周辺のハイキングに関する情報を入手したいのですが．すでに Mont-Baron のハイキングを人に勧められました．他に見逃してはならないハイキングコースはありますか？　それから，シャモニーへのアクセスは面倒ですか？さらに，近隣のスイスの都市，特にジュネーヴやローザンヌにも簡単に行けますか？　最後に，8 月のイベントのプログラム（特に「湖祭り」）と市内のホテルリストを郵送していただけないでしょうか？

　迅速な回答をお待ちしております．どうぞよろしくお願い致します．

ナディーヌ・メイエール

住所：Dieselstrasse 19
　　　12057 Berlin

電話：(0163) 8800502

〔解説〕

❶ 設問は「**ナディーヌはアヌシーにどれくらいの期間滞在する予定ですか？**」冒頭で，du lundi 31 juillet au dimanche 20 août とありますから，C.「3 週間」が正解になります．

❷ 設問は「**このメールの目的は何ですか？**」．ベルリン在住の人がアヌシー滞在についての情報を求めているメールです．C.「情報を得る」が正解になります．その他の選択肢はそれぞれ A.「予約を確認する」，B.「ホテルを予約する」です．

❸ 設問「**ナディーヌはアヌシーで何をしたいと思っていますか？**」．アヌシーには湖もありますし，文化的な催しも盛んですが，ナディーヌは la randonnée「小旅行（ここでは山登り，ハイキング randonnée à pied)」について質問しています．別の表現 randonnée à bicyclette「サイクリング」も覚えておきましょう．C. が正解です．

❹ 設問「ナディーヌは人からすでに〜ことを勧められました」．ナディーヌが勧められたのは A.「Mont-Baron に登る」ことです．他の選択肢はそれぞれ B.「シャモニーのモンブランに登る」，C.「ジュネーヴとローザンヌを訪れる」です．

❺ 設問は「あなたはナディーヌに何を送らなければなりませんか？」です．あなたは観光案内所で働いているという設定なので，ナディーヌがメールの最後に書いている「8月のイベントのプログラム（特に「湖祭り」）と市内のホテルリスト」を送ってあげなくてはいけません．faire parvenir は envoyer の同義語です．B. が正解です．選択肢はそれぞれ A.「近隣の町の地図」，C.「湖祭りのチケット」です．

❻ 設問「8月にアヌシーで何がありますか」に対し，B.「湖祭り」を選びましょう．他の選択肢はそれぞれ A.「光の祭典」，C.「アニメーション映画祭」です．

解答	1 point par réponse

❶ C.　　❷ C.　　❸ C.　　❹ A.　　❺ B.　　❻ B.

EXERCICE 3　6 points

〔設問〕

この文章を読んで設問に答えてください．

シクロ・クラブ・ピレネー ―フランス自転車旅行連盟
フレンドリーな雰囲気の中，一緒にサイクリング

私たちのクラブ

❏ 参加者のレベルに応じて，毎週日曜の午前中，50 〜 100km のサイクリングが企画されています．

❏ 土曜と水曜の朝も短いサイクリングが行われます．集合場所は観光案内所の前（Place du Champ de Mars）です．

❏ 毎年，ペンテコスタの週末は，3 日間，家族でフランスの一地方を見出す機会となっています．各自が好きな活動を楽しみます．例えば観光，プールサイドでの日焼け，ロードバイク，マウンテンバイク…

❏ クラブ活動のハイライトは「Randonnée des Moulins」の開催です．このイベントは 300 人の参加者によるハイキング，マウンテンバイク，ウォーキングです．この日の最後には和気あいあいとした会食があります．

大人 1 人 60 ユーロの年会費で，全ての企画イベントに参加できます（自転車旅行連盟への入会と保険を含む）．

一年中いつでも入会可能ですから，お問い合わせください．

2023年クラブ入会
私たちのクラブに入会をご希望ですか？ 締め切りはありません．連絡をしていただき，何なりとお申し付けください．

下記の書類をダウンロードして，必要事項を記入し，提出してください（必須）
ー《入会個人カード》をダウンロードしてください．
ー4ヶ月以内に発行された健康診断書

保険に関する補足情報：ここをクリックしてください．

〔解説〕

❶ 設問「このサイトの目的は何ですか？」．このサイトは B.「サイクリングクラブを紹介」しています．その他の選択肢はそれぞれ A.「自転車を宣伝する」，C.「地域情報を提供する」です．

❷ 設問は「サイクリングが企画されるのは日曜日だけです」．土曜と水曜の朝にもサイクリングが企画されていますから Faux（誤）です．女性名詞 sortie には「出口」の他に「外出，散歩」という意味もあり，ここでサイクリングを指します．

❸ 設問は「サイクリングの集合場所はどこですか？」です．Notre point de rendez-vous（私たちの集合場所）は B.「観光案内所の前」です．他の選択肢はそれぞれ A.「クラブの前」，C.「ムーラン広場」です．

❹ 設問「イベント « Randonnée des Moulins » では，…ができます」．このクラブの最大のイベントでは「ハイキング，マウンテンバイク，ウォーキング」が楽しめ，最後に「会食」があります．A. が正解です．

❺ 設問は「クラブに入会するためには，医師が作成した診断書が必須」という意味です．indispensable は「〜に必要不可欠の」．本文に「以下の文書をダウンロードして，提出してください」の後に，obligatoire「義務の，必須の」とあるので，Vrai（正）を選びます．

❻ 設問は「入会カードを手に入れるためには，…必要があります」で，B.「ダウンロードする」が正解です．他の選択肢はそれぞれ A.「電話をする」，C.「メールを書く」です．

解答	1. 2. 5. [0,5 point] / 3. 4. 6. [1,5 point]

❶ B.　　❷ ☒ Faux　　❸ B.　　❹ A.　　❺ ☒ Vrai　　❻ B.

〔7 points〕

〔設問〕

　フランスのウェブサイトでこの記事を読んで，設問に答えてください.

電話の危険

　テキストメッセージを送りながら運転するのは危険だ．道路安全局（la Sécurité routière）はこの火曜日から「運転の気を散らすもの」に対するポスターキャンペーンを展開する．これらのポスターは，運転中にテキストを打っている人に注意を促すために，バスの後部に掲示される．ある調査によると，運転者の42%が電話を使用すると言っている（昨年は 25%）.

　そのうち，36%が携帯電話を使用して電話をかけたり受けたりし，昨年の 15% に対して 29%がテキストメッセージを送信している.

　フランス人は自分が冒している危険をますます自覚しなくなっているようだ．「10 年前には，運転中に電話をするのが危険だと考えていたフランス人が 90%いたが，今日では 51%にすぎない」と道路事故防止対策協会の会長が述べている.

　7 月以来，ハンズフリーキットを使用して電話をしながら運転することは禁じられている．ドライバーが電話を使っている現場を押さえられた場合，免許証から 3 点減点され，135 ユーロの罰金が課されるおそれがある.

〔解説〕

❶ 設問「**文書の主要テーマは～である**」．B.「運転しながら電話することの危険性」が正解です．他の選択肢はそれぞれ A.「テキストメッセージを書く危険性」と C.「ハンズフリーキットの危険性」です.

❷ 単語 « distracteur » が何を指すかという設問です．名詞 distracteur は，動詞 distraire「～を楽しませる／～の注意をそらせる」の派生語で，運転している人の注意をそらせるものと言えば携帯電話です．A.「バス」や C.「警察」ではありません.

❸ 設問は「**運転をしながら電話を使っているフランス人ドライバーの現在の割合は？**」．C.「42%」が正解です．A.「25%」は昨年の数字です．B.「36%」という数字は，上記の 42%のドライバーのうち，電話をかけたり受けたりする人の割合です（テキストメッセージを送るなどその他の使用法は含まない）.

❹ 設問は「**昨年の数字に対して，調査結果の数字は…**」で，B.「大きく増加している」が正解．他の選択肢はそれぞれ A.「大きく減少している」，C.「横ばいである」.

❺ 設問は「**フランス人は運転中の電話使用によって自分が冒している危険について十分に意識している**」で，運転中の電話使用に対するドライバーの危機感が近年薄れている，というこの記事の主張とは正反対の見方です.

❻ 設問は「運転しながら電話をかけていると，135 ユーロの罰金を課されるおそれがある」で，正解です．le conducteur est pris sur le fait は成句 prendre qn sur le fait「～の現場を押さえる／～を現行犯で逮捕する」が受身形になっています．

解答	1. [0,5 point] / 2. 3. 4. [1,5 point] / 5. 6. [1 point]

❶ B.   ❷ B.   ❸ C.   ❹ B.   ❺ ☒ Faux   ❻ ☒ Vrai

PARTIE 3

文書作成　Production écrite

EXERCICE 1　[13 points]

〔設問〕

以前，あなたは郊外に住んでいました．数日前に，あなたは中心街の新しいエリアに引っ越してきました．あなたの家の近所についてフランス人の友達に説明してください（店，公共交通機関，公園…）.」（60 語以上）

〔作文例〕

Salut Damien !

Comment vas-tu ? Je viens d'emménager dans un quartier au centre-ville, qui n'est pas très loin du bureau. Avant il fallait prendre le bus et le train pendant une heure pour aller au bureau. Maintenant il n'y a que 3 stations de métro ! Ici, je suis non seulement à côté de certains grands magasins, mais il y a aussi un petit marché qui s'ouvre dans un parc près de chez-moi.

Ça te dit qu'on se voit pour prendre un verre ?

À très bientôt !

[Votre prénom]

Salut ダミアン！
元気？　私は会社からそんなに遠くない中心街のエリアに引っ越したばかりなの．以前は会社に行くのにバスと電車を使って1時間必要だったわ．今は地下鉄で3駅だけなのよ！　家のそばにいくつかのデパートもあるし，近くの公園では小さな市場も開かれるのよ．
どこかで一杯飲まない？
またすぐにね！
[名前]

〔設問〕
　あなたはフランス人の友達からこのメッセージを受け取りました．彼らに返事を書いてください．この招待に感謝した上で，承諾してください．この季節ならではの活動について情報を求めてください．（60 語以上）

差出人：Charlotte@freefrance.com
日時：2023 年 3 月 2 日
件名：招待
こんにちは！
以前，君にコートダジュールにある私たちのセカンドハウスに 1 週間滞在してもらうことを約束しましたね．その約束を 4 月 10 日の週（イースター休暇）に果たそうと思います．アデルとアマンディーヌも来てくれると約束してくれました．好天との予報が出ているので，本当に申し分のない機会です．
君に地中海エリアの魅力を紹介するのを楽しみにしています．
3 月 13 日までにお返事よろしくお願い致します．
近いうちに．
シャルロットとミカエル

作文例

Objet : remerciements
Salut Charlotte et Michaël !
C'est avec plaisir que j'accepte votre invitation à venir dans votre maison sur la Côte d'Azur ! C'est vraiment chouette parce que je n'ai jamais été dans cette région charmante ! Et je serais très heureuse de revoir Adèle et Amandine. On pourra faire des jolies promenades et jouer au tennis comme avant !
Merci encore pour votre invitation !
À bientôt !
Bises,
[Votre prénom]

件名：お礼
Salut シャルロット，ミカエル！
喜んでコートダジュールのあなた方のお宅にお邪魔させていただきたいと思います．私はこの魅力的な地方に行ったことがないので本当に素晴らしいお誘いです！　それから，アデルとア

マンディーヌに再会できるのも本当に嬉しいです．以前のように素敵な散歩やテニスをしましょう．
ご招待いただきありがとうございます．
すぐにお会いしましょう！
Bises,
［名前］

PARTIE 4

口頭表現（口頭試験）Production orale

■ Entretien dirigé　自己紹介（約 1 分 30 秒）
A2 [1] 参照.

■ Monologue suivi　短い口頭発表（約 2 分）
〔設問〕

Sujet 1 スポーツ

あなたはスポーツをしますか？　いつしますか？　どのようにしますか？

解答例 43

Oui, je fais du football (du basket / du handball). / Je fais de la marche (de la randonnée) à la campagne. / Je fais du vélo (du VTT [= vélo tout terrain]). / De temps en temps, je fais de la natation dans la piscine municipale. / Je fais du football chaque dimanche avec mes amis sur un terrain de sport.

　はい, 私はサッカー（バスケットボール / ハンドボール）をします. / 私は田舎でウォーキング（ハイキング）をします. / 私はサイクリング（マウンテンバイク）をします. / 私は時々市営プールで泳ぎます. / 毎週日曜日, 運動場で友達とサッカーをします.

Sujet 2 携帯電話

あなたは携帯電話をよく使いますか？　何をするために使いますか？

解答例 44

Oui, j'utilise souvent le portable. / Je n'utilise pas souvent le portable. / J'utilise le plus souvent mon portable (smartphone) pour téléphoner (jouer / écrire des SMS / aller sur Internet). / Je dors avec mon téléphone portable à côté du lit pour ne rien rater. / Je ne peux pas m'imaginer sans mon portable. /

J'utilise le portable car je dois communiquer avec mes amis.

はい，私は携帯をよく使います．/ 私は携帯をあまり使いません．/ 私はたいていの場合,携帯（スマートフォン）を電話の（ゲームの / SMS［エスエムエス，ショートメッセージサービス］のメッセージを書く / インターネットを使う）ために使います．/ 私は何も見逃さないようにベッドの隣に携帯を置いて寝ています．/ 私は自分の携帯なしの生活を想像できません．/ 私は友達と連絡を取り合う必要があるので携帯を使っています．

> **courriel（電子メール），SMS（ショートメッセージサービス）**
> ＳＭＳ は *Short Message Service* の略で 男性名詞 texto とも
> 言います．courriel は email のことです．フランスの DELF 対
> 策本では既に出てきますから，本番の問題文などに使われても
> おかしくないでしょう．

Sujet 3 買い物

あなたはどこで買い物をしますか？ いつ買い物をしますか？

解答例 45

Je vais souvent faire des achats dans un grand magasin au centre-ville. Je ne le fais pas très souvent, environ une fois par mois. / Je fais des achats pour la semaine dans un grand supermarché avec mon mari. Nous le faisons chaque week-end en voiture. / Récemment, je commence à faire des achats en ligne. Car c'est très pratique. On peut comparer les prix et payer par carte de crédit. Comme j'utilise le smartphone pour aller sur Internet, je peux faire des achats n'importe quand. / Je fais des achats tous les jours à la supérette 24 heures sur 24 avant d'aller à l'université.

私は市の中心部のデパートで買い物をします．あまり行きません．だいたい1ヶ月に1回です．/ 私は夫と一緒に大きなスーパーで1週間分の買い物をします．毎週末，車で行きます．/ 最近，私はオンラインの買い物を始めました．とても便利だからです．価格を比較できるし，クレジットカードで支払うこともできます．私はスマートフォンでインターネットに接続しているので，いつでも買い物ができます．/ 大学に行く前に，毎日（24時間営業の）コンビニで買い物をしています．

■ **Exercice en Interaction** ロールプレイング（3〜4分）

Sujet 1 コンピューター

　自宅のコンピューターが故障してしまいました．あなたはコンピューターを購入した店へ行って，まだ保証期間中か（保証書が有効か）どうか尋ねてください．保証期間が切れている場合，新しいコンピューターを買ってください．

　面接官が店員の役を演じます．

解答例 46

Bonjour. Je viens pour faire réparer mon ordinateur car il est tombé en panne hier. J'ai apporté la garantie. Je l'ai acheté ici. / D'accord. La garantie n'est plus valable. Dans ce cas, je préfère en acheter un nouveau plutôt que de le réparer, car je ne peux pas attendre que la réparation soit faite. En plus, il y a des ordinateurs bon marchés.

> こんにちは（おはようございます）．昨日コンピューターが壊れてしまったので，修理をお願いに来ました．保証書を持ってきました．ここで買ったんです．/分かりました．保証期間はもう過ぎているんですね．それなら，修理するよりも新しいコンピューターを買いたいと思います．修理が済むのを待つことができないんです．それに，安いコンピュータがあります．

Sujet 2 航空券

　あなたはパリで家族と一緒に暮らしています．あなたは夏休みにコルシカ島に行きたいと思っています．旅行代理店に行って，航空券を購入してください．このフライトについて質問してください（価格，空港…）．

　面接官が旅行代理店の店員の役を演じます．

解答例 47

Bonjour Madame. Je voudrais réserver des vols pour la Corse. Nous y allons en famille cet été. / Nous sommes trois. Deux adultes et un enfant. / Combien coûtent les billets ? / Qu'est-ce qu'il y a comme transport entre l'aéroport et l'hôtel au centre-ville ? / Avec cette navette de l'aéroport, il faut combien de temps pour aller au centre-ville ? Et ça coûte combien ?

> こんにちは（おはようございます）．コルシカ行きの便を予約したいのですが．今年の夏に家族と一緒に行く予定です．/3人です．大人2人と子供1人です．/航空券はいくらですか？空港と中心街のホテルとの間の交通手段は何ですか？/その空港リムジンバスを使うと，中心街までどのくらい時間がかかりますか？いくらですか？

Sujet 3 新しい仕事

　今日あなたは新しい仕事を始めます．仕事場の部長に仕事に関する質問をしてください．

　面接官が部長の役を演じます．

解答例

Quels sont les horaires de travail ? / Quelles seront mes tâches ? / Où se trouve le photocopieur ? / Est-ce que je peux prendre des pauses ? / Comment s'appelle notre secrétaire ? / Est-ce qu'il y a des réunions d'équipe ? / Est-ce qu'il y a un endroit où on peut fumer ?

勤務時間は何時から何時ですか？ / 私の仕事は何ですか？ / コピー機はどこですか？ / 休憩を取ることはできますか？ / 私たちの秘書の名前は？ / チームミーティングはありますか？ / 喫煙所はありますか？

PARTIE 1

聴解　Compréhension de l'oral

　国民教育省，国際教育研究センター．「ヨーロッパ共通参照枠組み」の A2 レベル・DELF，口頭試験〔共通〕

　いくつかの録音文を聞いてください．それぞれ 2 回ずつ読まれます．それぞれの録音文の直前に，効果音（「タラララン」）が流れます．Exercice 1, 2, 3 では，正しい答えに ⊠ をつけてください．

EXERCICE 1　6 points

〔設問〕

　公共の場におけるアナウンスを聞いてください．

　設問を読んでください．録音文を聞いてから答えてください．

〔スクリプト〕

【DOCUMENT 1】

Chers spectateurs, le concert va commencer. Merci d'aller à votre place. Vos téléphones portables doivent être éteints pendant toute la durée de la représentation. Merci de votre compréhension.

　　ご来場の皆さん，まもなくコンサートが始まります．ご自分の席にお戻りください．演奏中は携帯電話の電源をお切りください．ご理解いただきありがとうございます．

【DOCUMENT 2】

Attention. L'Île-de-France Mobilités et la RATP vous informe qu'à l'occasion de la fête de la musique, certaines lignes du RER, métro et bus sont ouvertes toute la nuit le 21 juin.

　　Île-de-France Mobilités と RATP からのお知らせです．「音楽祭」の開催に伴い，一部の RER，メトロ，バスの路線は 6 月 21 日に終夜運転を実施いたします．

【DOCUMENT 3】

Chers clients, voici les soldes dès aujourd'hui jusqu'au vendredi prochain, nous vous proposons une réduction de 15% sur tous les articles de papeterie sauf les produits informatiques et de télécommunication.

　　ご来店の皆さま，本日から次の金曜日までのバーゲンセールでは，パソコン・通信機器製品を除く文房具全商品を 15% OFF でご提供いたします．

【DOCUMENT 4】

Vous êtes arrivés à Douai, terminus du train. Tous les voyageurs, descendez de voiture. Assurez-vous de n'avoir rien oublié dans le train. Pour la sortie, veuillez emprunter le passage souterrain, s'il vous plaît.

> 列車の終着駅ドゥエに到着しました．乗客の皆さん，列車からお降りください．電車内にお忘れ物がないかご確認ください．出口は，地下道をご利用ください．

【DOCUMENT 5】

Mesdames et messieurs, nous sommes heureux de vous accueillir sur ce vol KLM 1824. Vos bagages à main doivent être placés dans les coffres à bagages. Les issues de secours doivent rester dégagées de tout bagages à main. Merci pour votre compréhension.

> ご搭乗の皆様，KLM1824 便にご搭乗いただきありがとうございます．お手荷物は手荷物入れにお入れください．非常口の前にお手荷物を置くことはできません．ご理解のほどよろしくお願いいたします．

【DOCUMENT 6】

Nous vous rappelons que le téléphone portable doit être éteint et placé dans votre sac, hors de portée. Les montres connectées ne peuvent pas être gardées non plus. Pour les candidats qui ont besoin d'avoir l'heure, une pendule est installée dans chaque salle.

> 携帯電話は必ず電源を切って，手の届かないカバンの中に入れておいてください．スマートウォッチ〔ネットに接続できる時計〕も所持できません．時間を把握する必要がある受験生のために，各部屋に時計が設置されています．

〔解説〕

❶ 設問「演奏中は，…が禁止されています」．Vos téléphones portables doivent être éteints を聞き取り，C.「電話する」を選びます．他の選択肢はそれぞれ，A.「自分の席に戻る」，B.「水を飲む」です．

❷ 設問「このアナウンスはどのようなイベントについて伝えていますか？」．à l'occasion de la fête de la musique「音楽祭の際に」を聞き取り，A. を選びます．

❸ 設問「15％の割引が適用されるのはどんな商品ですか？」．tous les articles de papeterie「文房具全商品」とありますが，「パソコン・通信機器製品は除く」とあるので B.「プリンター」や C.「携帯電話」は当てはまりません．

❹ 設問「駅からどのように出るのですか？」．最後の文章の emprunter le passage souterrain「地下道を使う」を聞き取り，C. を選びましょう．他の選択肢はそれぞれ，A.「歩道橋を渡る」，B.「線路を横断する」です．

❺ 設問「手荷物はどこに置くべきですか？」．B.「（機内上部にある）手荷物入れ」が正解です．その他の選択肢はそれぞれ，A.「非常口の前」，C.「手の届く所」です．

❻ 設問「このメッセージはどこで聞くことができますか？」．les candidats「受験生」に対して注意事項を伝えるアナウンスなので，C. が正解です．

解 答 | 1 point par réponse

❶ C. ❷ A. ❸ A. ❹ C. ❺ B. ❻ C.

語 彙
□ Île-de-France Mobilités は，イル・ド・フランス地域の交通機関を統括する特別な公共行政機関．
□ RATP（p.175 参照）．←模擬試験 [3] Partie 1, Exercice 1 語彙．
□ les soldes「バーゲン，特売」　□ la réduction「割引」
□ s'assurer de 〜「〜を確認する」　□ dégagé(e)「障害物が取り払われた」の意．
□ hors de portée「手の届かない」
□ la montre connectée「スマートウォッチ」（＝ la smartwatch, la montre intelligente）

EXERCICE 2 | 6 points

〔設問〕
あなたはラジオを聞いています．
設問を読んでください．録音文を聞いてから答えてください．

〔スクリプト〕
【DOCUMENT 1】
La ville de Paris propose de nombreuses activités pour occuper vos enfants, de 7 à 17 ans, pendant les vacances. Football, théâtre, cirque, … il y en a pour tous les goûts ! Pour ces vacances d'hiver, la campagne d'inscription se déroule du 20 janvier au 27 janvier.

　パリ市は，7 歳から 17 歳までの子どもたちが休暇中に退屈しないよう，さまざまな活動を提供しています．サッカー，演劇，サーカス…誰もが楽しめる内容です！ この冬休みの登録キャンペーンは 1 月 20 日から 1 月 27 日まで実施されます．

【DOCUMENT 2】
Une information originale d'un « Rendez-vous au parc zoologique de Paris » du 17 au 31 octobre. Voyagez entre réel et imaginaire, et rencontrez les espèces fascinantes qui ont inspiré loups garous, sirènes et autres créatures fantastiques, et profitez, en pleine nature, d'ateliers créatifs ou des contes pour les enfants. Réservation obligatoire sur www.parczoologiquedeparis.fr.

　10 月 17 日から 31 日まで開催される《パリ動物園での集い》というユニークな情報です．現実と空想の間を行き来し，狼男や人魚など幻想的な生き物を生み出した魅力的な動物たちに出会い，自然の中で創造的なワークショップや，子供向けの物語を楽しんでください．www.parczoologiquedeparis.fr での予約が必要です．

【DOCUMENT 3】
Radio Info France, Bonjour. Un des plus gros icebergs jamais vus est sur le point de se détacher de l'Antarctique, ont indiqué jeudi des chercheurs du Royaume-

Uni. Il ne reste plus que 13 km avant que ce morceau de plus de 5000 km² ne se détache. Soit près de 50 fois la superficie de Paris, ou la taille de Bali en Indonésie.

> ラジオ・アンフォ・フランスです．こんにちは．観測史上最大の氷山の 1 つが南極から離脱しようとしていると，木曜日，イギリスの研究者が明らかにしました．この 5000 平方 km 以上の氷の塊が大陸から離れるまで，あと 13km しか残っていません．その表面積はパリの約 50 倍，またはインドネシアのバリ島と同じ大きさです．

〔解説〕

❶ 設問「パリ市が提案する活動は何ですか？」．パリ市が提案している具体的な活動は，football（サッカー），théâtre（演劇）それから C. の cirque です．A. と B. は言及されていません．le cirque の第一義は「サーカス」ですが，ここでは「ボールなどを手玉に取る曲芸」という意味で使われています．似たような意味の語に le jonglage があります．

❷ 設問「登録キャンペーンの期間はどのくらいですか？」．20 janvier au 27 janvier を聞き取り，B.「1 週間」を選びます．

❸ 設問「イベントの期間はどれくらいですか？」．冒頭の文に du 17 au 31 octobre とありますから，B.「2 週間」を選びます．

❹ 設問「このイベントで，あなたは…をすることができます」．正解は C. の「創造的なワークショップに参加する」です．架空の狼男や人魚の基になった実際の動物に会うことはできますが，A.「狼男を観察」したり，B.「人魚に出会う」ことはできません．une espèce は「（動物）種」の意味で使われています．

❺ 設問「この氷の塊が離れるまで，あと何キロメートル残っていますか？」．Il ne reste plus que 13 km avant que (...)「～までもはやあと 13 km しか残っていない」という箇所を聞き取りましょう．

❻ 設問「この話はどこで繰り広げられていますか？」．B.「南極で」を選びます．他の選択肢はそれぞれ A.「イギリスで」，C.「インドネシアで」．

解答	1 point par réponse				
❶ C.	❷ B.	❸ B.	❹ C.	❺ B.	❻ B.

語彙
□ les goûts「（複数）好み，趣味」　　□ le loup garou（または loup-garou）狼男

EXERCICE 3 6 points

〔設問〕

　あなたはコンピューター教室で働いています．留守番電話にこのメッセージが残っていました．設問を読んでください．メッセージを聞いて答えてください．

〔スクリプト〕

Bonsoir, c'est Monsieur Simon de « Voyage Express » qui est à l'appareil. Je vous appelle pour vous demander des cours d'informatique. Nous avons décidé d'ouvrir une nouvelle agence avec six employés dans deux mois. Ces employés doivent savoir comment utiliser au moins trois ou quatre applications de base. J'espère que vous serez disponible pour donner des cours chez nous à partir de la semaine prochaine. Pouvez-vous nous rappeler demain ? Le numéro de téléphone est le 06 48 34 43 54. Merci.

　　　こんばんは，"Voyage Express" のシモンです．パソコン講座開講のお願いのために電話しました．当社は 2 ヶ月後，6 人体制で新しい代理店を開くことにしました．新代理店のスタッフは，少なくとも 3 〜 4 種類の基本的なアプリケーションの使い方を知っていなければなりません．来週から当社で講座を開いてもらえませんか．明日，折り返し電話をいただけますか．電話番号は 06 48 34 43 54 です．よろしくお願いします．

〔解説〕

❶ 設問「**シモン氏はどのような講座を求めていますか**」．B.「パソコン講座」が正解です．その他の選択肢はそれぞれ，A.「語学講座」，C.「会計講座」です．

❷ 設問「**新しい代理店はいつ開設されますか？**」．B.「2 ヶ月後」が正解です．他の選択肢はそれぞれ，A.「1 ヶ月後」，C.「半年後」．

❸ 設問「**受講者は何人ですか？**」．six employés（6 人の従業員）の後で，ces personnels（これらのスタッフ）とありますから，C. を選びます．

❹ 設問「**講座はどこで行われますか？**」．vous pouvez donner des cours chez nous とあります．A.「« Voyage Express » で」が正解です．他の選択肢はそれぞれ，B.「あなたのパソコン教室」，C.「インターネット上で」です．

❺ 設問「**いつ開講しなければなりませんか？**」．A.「来週」が正解です．他の選択肢はそれぞれ，B.「1 ヶ月後」，C.「2 ヶ月後」．

❻ 設問「**あなたはシモン氏に…をしなければなりません**」．Pouvez-vous nous rappeler demain ? を聞き取り，A. を選びましょう．他の選択肢はそれぞれ，B.「シモン氏の電話を待つ」，C.「シモン氏にメールを送る」です．

解答	1 point par réponse

❶ B.　　❷ B.　　❸ C.　　❹ A.　　❺ A.　　❻ A.

〔設問〕

　4つの対話が流れます．それぞれの対話に対応するシチュエーションに ☒ を記入してください．

　《注意》 シチュエーションは 6 つですが，対話は 4 つしかありません．

　　　　　　シチュエーションを読んでください．対話を聞いて，答えてください．

〔スクリプト〕

【対話 1】

— Une dame ne va pas bien ! Dépêchez-vous ! Appelez une ambulance, s'il vous plaît !

　— 女の人の具合が良くないの！ 急いでください！ 救急車を呼んでください！

— Bien sûr, tout de suite. Quel numéro dois-je appeler ?

　— わかりました，すぐに呼びます．どの番号にかければいいんですか？

— Je connais le numéro. C'est le 15, pour le SAMU.

　— 私はその番号を知ってます．15 をダイヤルして！ SAMU の番号です．

— Pardon ?

　— え，何ですって？

— QUINZE !

　— 15 ！

【対話 2】

— Nicolas, tu peux m'emmener en ville, s'il te plaît ?

　— ニコラ，町まで連れて行ってくれない？

— Attends un peu. J'aimerais bien finir ce travail …

　— ちょっと待って．この仕事を終わらせちゃいたいんだ…

— Fais-le plus tard. Je suis assez pressée. Je dois d'abord aller à la banque, et après j'ai rendez-vous avec Amandine à 11 heures et demie.

　— 後にしてくれる？ 私，かなり急いでるの．まず銀行にいかなきゃいけないし，それから 11 時半にアマンディーヌと会う約束があるの．

— Bon… d'accord. Allons-y.

　— そう…分かったよ．行こう．

— Merci mon chéri.

　— ありがとう．

【対話 3】

— Vous avez choisi, Madame ?

　— お選びになりましたか？

— Oui. Je vais prendre la salade mêlée et le filet de bœuf.

　— はい．ミックスサラダと牛のヒレ肉にします．

— Quelle cuisson pour la viande ?

　— 肉の焼き具合はいかがいたしましょう？

— À point, s'il vous plaît.

　— ミディアムでお願いします．

— Et comme boisson ?

　— お飲み物は？

— Un petit pichet de rouge, s'il vous plaît.

　— 赤ワイン，小さいピッチャーでお願いします．

【対話 4】

— Emma, tu es libre dimanche soir ? Il y a « La Dame aux camélias » à l'Opéra-Garnier. J'ai deux billets.

　— エンマ，日曜日の夜は暇？ オペラガルニエで『椿姫』があるの．私, 2 枚チケットがあるのよ．

— Super ! À quelle heure ça commence ?

　— すごい！ 開演は何時？

— À sept heures et demie. On se voit vers sept heures devant l'Opéra, ça te va ?

　— 7 時半よ．オペラ座の前で 7 時頃に待ち合わせするのはどう？

— Oui, parfait. À dimanche soir alors.

　— いいわ．完璧ね．じゃあ，日曜の夜にね．」

〔解説〕

❶ E.「救急サービスを呼ぶ」を選びます．le SAMU は Service d'aide médicale d'urgence「緊急医療救助サービス（サミュ）」の略称です．appeler une ambulance は「救急車を呼ぶ」です．

❷ C.「妻を町へ連れて行く」を選びます．定型表現 Allons-y.「行こう（行きましょう）」と同じ意味の On y va. もよく使われます．夫や息子などに対する呼びかけの言葉が mon chéri（いとしい人）．妻や娘などに対しては ma chérie となります．

❸ B.「料理を注文する」を選びます．冒頭の Vous avez choisi ?「お選びになりましたか？」は飲食店でウェイターが注文を尋ねる決まり文句です．la cuisson は肉の焼き具合を指し，尋ねられたら bien cuit「ウェルダン」，à point が「ミディアム」，saignant「レア」で答えます．

❹ D.「会う約束をする」を選びます．オペラ『椿姫』のチケットが 2 枚あるので，友達を誘うという会話です．

解 答 1. 2. 3. [2 points] / 4. [1 point]

Dialogue 1：E.　　Dialogue 2：C.　　Dialogue 3：B.　　Dialogue 4：D.

PARTIE 2

読解 Compréhension des écrits

6 points

〔設問〕

　あなたはトゥールーズの観光案内所で働いています．ミディ運河を観光したい外国人観光客がよく訪れます．それぞれの観光客に最適なプログラムを選んでください．

---

❶　**1週間ボートをレンタル（免許不要）**

　　1週間ボートを借りることができます．出発の（レジャー）基地から到着基地まで〔ハウス〕ボートで巡ってください．運河の岸辺にボートを泊めることもできます．レンタルボートは操船免許が不要です．

❷　**半日クルーズまたは全日クルーズ**

　　多くの（旅行）会社が半日または全日で，ミディ運河（の一部）の発見クルーズを提案しています．短期間かつ安い料金で運河を巡ることができますし，自分で操船する必要がないので安心です．

❸　**自分のボートでの旅行**

　　もちろん，ミディ運河を個人のハウスボートで巡ることもできます．ただ，ボート所有者はフランスの運河を航行することができる河川航行免許が必要です．

❹　**自転車でミディ運河を巡る**

　　700 km のサイクリングコースが運河と水門に沿っています．自転車で巡るミディ運河は，南フランスで最も美しいサイクリングルートの1つです．荷物輸送サービスがあります．

❺　**豪華ホテルボートを操船してもらう**

　　本物の贅沢なハウスボートの中で数日間過ごすこともできます．船上にホテルのようなあらゆるサービスがあるだけでなく，操船も乗組員が担当します．

❻　**ミディ運河博物館を見学する**

　　歴史好きの方には，ミディ運河博物館をお勧めします．この博物館ではミディ運河の建設の主要段階，歴史，機能を6つの部屋に分けて展示しています．

A. マリーとジョナタンはミディ運河の創設者と歴史についてもっと知りたいと思っています．

B. セリーヌとセバスティアンは1日しか時間がありませんが，ボートで運河巡りをしたいと思っています．

C. ブリジットとフィリップはプレジャーボートを買い，河川航行免許を取ったばかりです．

D. 結婚 40 周年を祝うため，カトリーヌとミシェルはミディ運河で豪華な旅行をしたいと思っています．

E. ジュスティーヌとケヴィンはサイクリングが大好きです．彼らはミディ運河沿いをサイクリングするつもりです．

F. マクシムは友人と一緒にハウスボートで 1 週間過ごすことを長い間夢見てきました．

〔解説〕

A. Marie et Jonathan：「ミディ運河の創設者と歴史」に興味がある二人には，ミディ運河博物館を見学する 6. が適当です．le Canal du Midi「ミディ運河」はフランスの南部, 大西洋と地中海を結ぶ全長 240km の運河で, 世界遺産に登録されています．

B. Céline et Sébastien：「1 日しか時間がない」という条件には 2. が当てはまります．

C. Brigitte et Philippe：「自分たちのボートで巡りたい」とありますから，3. が適当です．le bateau de plaisance は「レジャー用の船」です．propriétaire「所有者, 持ち主」，titulaire de 〜「（法的に）〜を有する，所有する」などの表現は覚えておきましょう．permis fluvial は「河川航行免許」（cf. fleuve「大きな川，大河」）です．

D. Catherine et Michel：「豪華な旅行をしたい」と書いてありますから，5. の豪華ホテルボートがお勧めです．incluant 〜は現在分詞で qui inclut 〜「〜を含む」という意味です．

E. Justine et Kévin：彼らは「ミディ運河沿いをサイクリングするつもり」なので, 4. を選びましょう．ミディ運河には 100 を超える écluse「水門，閘門（こうもん）」が設けられています．

F. Maxime：「ハウスボートで 1 週間過ごす」という条件に合うのは 1. です．la péniche「平底船；ハウスボート」

解答	1 point par réponse

❶ F.　　❷ B.　　❸ C.　　❹ E.　　❺ D.　　❻ A.

〔設問〕

下記の 2 通のメールを読んで，設問に答えてください．

❏ メール [A]

> 差出人：sébastien-aubry@mail.fr
> 受取人：gilles-bouvier@courrier.fr
> 件名：Re : Re : 5 月 24 日の約束
> 日時：le 24/05/2023 11:53
>
> 親愛なるジル
>
> ごめん．うちの学院のプロジェクトのために急用ができちゃったんだ．だから，
> 今晩は行けなくなっちゃった．行き違いになる前に君がこのメッセージを読んだ
> ら確認メールを送ってくれる？ 本当にごめん….
> 5 月 30 日（火）の夕方に会うことにしない？ 都合のいい時間を教えてくれる？
>
> Amitiés（さようなら），
> セバスティアン

❏ メール [B]

> 差出人：gilles-bouvier@courrier.fr
> 受取人：sébastien-aubry@mail.fr
> 日時：le 18/05/2023 16h25
> 件名：Re : 5 月 24 日の約束
>
> やあ，セバスティアン
>
> 5 月 24 日（水）の晩，ブラスリー《ラ・プティット・レーヌ》で待ち合わせの件，
> 了解です．
> 僕の仕事は水曜日は 6 時に終わるんだ．7 時に会おうか．
>
> 素敵な週の終わりを，それから近いうちに！
>
> ジル

〔解説〕

❶ 設問は「**5 月 24 日（水），セバスチャンとジルは〜に約束がある**」です．C.「午後 7 時」が正解です．他の選択肢はそれぞれ A.「夕方」，B.「午後 6 時」です．

❷ 設問は「**セバスティアンとジルはどのような関係ですか？**」．やりとりの内容から，C.「友達同士」だと思われます．A.「同じ家族」の可能性もありますが，差出人と受取人のメールアドレスを見ると名字が異なるので，常識的に考えて家族の成員ではなさそうです．また，B.「商人と顧客」の関係でもなさそうです．

❸ 設問「**二人が会う目的は何ですか？**」．B.「友達同士の会合」が正解です．仕事の後に会おうと書いてありますから，A.「商談」ではありません．二人は家族同士ではないので，C. も文意に合いません．

❹ 設問「**セバスティアンは確認のためにジルに何をするように頼みましたか？**」．Tu peux me confirmer par e-mail （…）とありますから，A.「メールで答える」を選びます．メールで《ドタキャン》を伝えているので，相手がそのメールをちゃんと見たかどうかを確認するために返信してもらう，という状況です．他の選択肢はそれぞれ B.「電話で答える」，C.「彼のオフィスに来る」です．

❺ 設問は「**セバスティアンは何を提案していますか？**」です．セバスティアンは On essaie de se voir 〜「〜に会うことにしない？（←〜に会おうと試みましょう）」と書いていますから，C.「5 月 30 日（火）に待ち合わせを変更する」が正解です．他の選択肢はそれぞれ A.「翌日に会う」，B.「レストランを変える」です．

解 答　1.2.3. [1 point] / 4.5. [1,5 point]

❶ C.　　❷ C.　　❸ B.　　❹ A.　　❺ C.

EXERCICE 3　6 points

〔設問〕

このテクストを読んで設問に答えてください．

> **ル・テアトル・デュ・ソレイユ：Cartoucherie への行き方**
>
> ヴァンセンヌの森の中も含めて，特に土日に頻繁に発生する交通渋滞を避けるため，可能な限り公共交通機関を利用することをお勧めします．
>
> ☐ **地下鉄**：《Château de Vincennes》駅下車，地下鉄の先頭側の出口を出てバスターミナルまで進んでください．バスターミナルから，ショー開始の 1 時間前に，私たちの（無料）シャトルバスの最初の便が出発します（タクシー乗り場

のすぐ後ろです）．その後は，ショー開始 10 分前の最終便まで定期的に往復します．フランス語に慣れていない外国の友人のために説明しますと，シャトル [navette] は小舟を指すのではなく，ショーの前後に駅と劇場を往復するバスのことです．バスには《Cartoucherie》と書いてあります．

□ **路線バス 112 番線**

　　路線バスは 20 分ごとに運行しています．停留所《Cartoucherie》で降りてください（ゾーン 3）．

　　このリンクからあなたの RATP のルートを計算することができます（到着地点には CARREFOUR DE LA PYRAMIDE, PARIS と入力してください）．

□ **Vélib'〔レンタル自転車，ヴェリブ〕**：フラワーパーク（ピラミッド通り）の正門前に Vélib'を置いてください．それから徒歩 9 分で Cartoucherie に着きます．

□ **車で（本当に他の手段で来れない場合のみ！）**：ヴァンセンヌ城前広場から道路標識に従って来てください．Cartoucherie の内部にある木々で囲まれた（無料）駐車場を自由にお使いください．

〔解説〕

❶ 設問は「**このサイトは何について語っていますか？**」です．地下鉄，バス，自転車，車など劇場へのアクセスについて書かれていますから，A.「劇場へのアクセス手段」が正解です．他の選択肢はそれぞれ，B.「ある演劇の紹介」，C.「シャトルバスの広告」です．

❷ 設問「**シャトルバスはどこに停まっていますか？**」に対し，B.「タクシー乗り場のすぐ後ろ」と答えます．他の選択肢はそれぞれ A.「バス停の前」，C.「駐車場の前」です．

❸ 設問「**あなたが vélib' で来る場合，どこに駐輪しなくてはなりませんか？**」．地図を見て答える問題です．本文に Déposez votre vélib' en face de l'entrée principale du Parc Floral.「フラワーパーク（ピラミッド通り）の正門前に vélib' を置いてください」とあります．B. が正解です．

❹ 設問は「**車で来ることは禁じられています**」．本文冒頭に，「可能な限り公共交通機関を利用することをお勧めします」とありますが，自動車で来ることが禁止されているわけではありません．Faux（誤）をチェックします．

❺ 設問の「**Cartoucherie 内部に駐車場がある**」は Vrai（正）です．また，地図上にも駐車場が記されています．

解 答　1. 2. [1,5 point] / 3. [2 points] / 4. 5. [0,5 point]

❶ A.　　❷ B.　　❸ B.　　❹ ☒ Faux　　❺ ☒ Vrai

EXERCICE 4　[7 points]

〔設問〕
　あなたはフランスのウェブサイトでこの記事を読んでいます．設問に答えてください．

100万人の借家世帯が寒さに苦しんでいる

　〈私たちは寝室のラジエーターだけをオンにし，アパートの他の部屋はいつも寒いです．これは，壁の断熱性が悪いこと，電気を消費しすぎるラジエーターなどのせいです．〉クレマンスのような100万人の借家世帯が不安定なエネルギーの犠牲となっている．そして，〈寒いときがよくある〉と答えたのは，住宅所有者の5%に対し，借家人は20%であった．

　体を温めるために〈羽毛布団にくるま〉ったり，〈熱いお茶〉を飲んだりしても不十分な場合，人は補助のラジエーターを全開にする．こうしていつも天文学的に高い電気代という結果になる．オーレリーのアパートの電気代は，冬の終わりに1600ユーロに達した．一方ルカは住居を変えたいと思っている．しかし〈私は障がい者で失業者なので，住居を変えることは難しいです〉．ルカはこう続ける．〈私よりもずっと運がない人たち，例えばホームレスの方々がいることは知っています．でも，いつかもっと良い住居に住むことができれば幸せです．〉

[*20 Minutes*, Lundi 19 février 2018（部分的に改変）]

〔解説〕
❶ 設問は**「文書の主要テーマは～である」**です．劣悪な住宅状況により，冬の暖房費がかさんでしまう，という内容の記事です．したがって，C.「エネルギーの不安定な状況」を選ぶことができます（→名詞 précarité の派生形容詞は précaire「不安定な／臨時の，パートの」）．他の選択肢はそれぞれ A.「酷寒の冬」，B.「高い家賃」です．

❷ 設問**「クレマンスは～から[理由]寝室のラジエーターだけをオンにしている」**．クレマンスは C'est à cause de ～の後にその理由を列挙しています．B.「壁の断熱性が悪い（から）」を選びます．他の選択肢はそれぞれ，A.「ラジエーターの調子が悪い（から）」C.「停電（のため）」です．

❸ 設問は**「〈寒いときがよくある〉と答えた割合は，借家人の方が住宅所有者より**

も **15%多かった**」です．20% des locataires「借家人の 20%」に対し，5% des propriétaires「住宅所有者の 5%」が〈寒いときがよくある〉と答えたとありますから，その差は 15%で Vrai（正解）です．

❹ 設問は「**体を温めるためには，羽毛布団にくるまったり，熱いお茶を飲んだりすれば十分である**」です．本文には ne suffit plus「もはや不十分だ」とありますから，Faux（不正解）です．

❺ 設問「**オーレリーは～のために 1600 ユーロを支払いました**」．直前に La facture d'électricité と書かれていますから，A.「電気代の請求書」が正解です．他の選択肢はそれぞれ B.「家賃のため」，C.「別のラジエーターを買うため」です．

❻ 設問は「**ルカはなぜ引越ししないのですか？**」です．ルカは今住んでいるところから出たいと思っていますが，C.「彼は失業者なので」引っ越しできない，と述べています．他の選択肢はそれぞれ A.「彼は今の住居をとても気に入っているので」，B.「彼はホームレスなので」です．

解 答　1. [0,5 point] / 2. 5. 6. [1,5 point] / 3. 4. [1 point]

❶ C.　　❷ B.　　❸ ☒Vrai　　❹ ☒Faux　　❺ A.　　❻ C.

語 彙

□ se réchauffer「体を温める」　ex. courir pour se réchauffer「体を温めるために走る」

PARTIE 3

文書作成　Production écrite

EXERCICE 1　13 points

〔設問〕

　あなたは新しい犬を飼うことになりました．友達に手紙を書いて，その犬のことを説明してください（大きさ，毛色，性格など）．その新しい犬について，あなたが好きなところと好きではないところについて書いてください．（60 語以上）

作文例

Salut Chloé !

Léo est enfin arrivé chez nous ! Léo, mon nouveau chien dont je t'ai déjà parlé. C'est un Labrador Retriever noir. Il est de taille moyenne. Ce que j'aime chez lui, c'est son caractère. Il est très très intelligent et docile ! Par contre je n'aime pas trop quand il aboie. Mais je vais m'y habituer. J'espère

que tu viendras le voir prochainement chez moi. À très bientôt !
[votre prénom] [70 mots]

> Salut クロエ！ レオがついに家に来たの！ 私の新しい犬レオのことはもうあなたに話したでしょ．黒いラブラドールレトリバーで，大きさは普通よ．レオの好きなところはその性格なの．とってもとっても頭が良くて，従順よ！ でもレオが吠えるのはそんなに好きじゃないわ．だけどじきに慣れると思ってる．近いうちにクロエがレオに会いにうちに来て欲しいわ．またすぐにね！
> [名前]

EXERCICE 2 　12 points

〔設問〕

あなたはフランス人の女友達からこの招待状を受け取りました．彼女に返事を書いてください．この招待に感謝した上で，承諾してください．また，駐車場について問い合わせてください．（60 語以上）

> ル・アーヴル，2023 年 4 月 5 日
> Chers amis（親愛なる皆さんへ）
> 　ルカはもう少しで 2 歳になります．5 月 19 日（土）午後 3 時から，アルベール・ルネ公園で皆さん，ならびに皆さんのご家族と一緒に誕生日を祝いたいと思っています．青少年センター（3 階）を予約しておきましたので，パーティーは雨天でも行います．
> 　ケーキとおいしいスナックを用意しておきます！
> 　皆さんをお待ちしております！
> Amicalement
> エロディー・フォール

作文例

> Chère Elodie,
> Je te remercie beaucoup de m'avoir invitée à la fête d'anniversaire de Lucas. Le 19 mai, je viendrai avec Lucie et Anthony. Ma Lucie adore les fêtes d'anniversaire ! Alors, j'ai l'intention de venir en voiture. Est-ce qu'il y a un parking à côté de ce parc ou au centre de jeunesse ? Peux-tu me l'indiquer par mail ou par téléphone, s'il te plaît ?
> Bien amicalement.

親愛なるエロディー．ルカの誕生日パーティーにご招待いただきありがとうございます．5月19日，リュシーとアントニーと一緒に伺います．私のリュシーは誕生パーティーが大好きなの！ところで，私は車で行くつもりです．この公園のそば，または青少年センターに駐車場はありますか？

メールか電話で教えてもらえますか？ よろしくお願いします．

[名前]

PARTIE 4

口頭表現（口頭試験） Production orale

■ Entretien dirigé 自己紹介（約1分30秒）

A2 [1] 参照．

■ Monologue suivi 短い口頭発表（約2分）

〔設問〕

Sujet 1 友達

あなたの親友は誰ですか？ 親友について説明してください．

解答例

Mon meilleur ami s'appelle Kenji. / Il est intelligent et très sympa. Il est plus grand que moi. Il joue très bien au foot. Mais il ne chante pas très bien. / Ma meilleure amie s'appelle Yuki. Elle est gentille avec tout le monde. Elle est mince, et un peu plus petite que moi.

私の親友の名は健二です．/ 彼は頭が良くて，とても感じがいいです．私よりも背が高いです．彼はサッカーがとても上手です．でも，歌はあまり上手じゃありません．/ 私の親友は由紀と言います．彼女はみんなに親切です．彼女はほっそりしていて，私よりも少し背が低いです．

Sujet 2 生まれ故郷

あなたの生まれ故郷について話してください．

解答例

J'ai grandi à Fukui dans la préfecture de Fukui. Fukui se situe au nord de Kyoto. / La ville de Fukui est petite, mais elle est entourée de nature ; des montagnes, des rivières et la mer ... Cette région est réputée pour ses fruits de mer. / Dans cette préfecture, il y a un grand musée sur les dinosaures car on y trouve beaucoup de fossiles de dinosaures.

> 私は福井県の福井市で育ちました．福井は京都の北に位置しています．/ 福井市は小さいですが，山や川や海などの自然に囲まれています．この地方は海産物で有名です．/ この県では恐竜の化石がたくさん出るので，大きな恐竜博物館があります．

Sujet 3 雑誌

あなたはどんな種類の雑誌を読むのが好きですか？ どうしてですか？

解答例 51

J'achète souvent des revues de mode. Parce que j'aime bien être au courant de la mode. / J'aime bien lire les revues de sport. Car je vais assez souvent regarder les matchs de foot au stade. / J'adore les revues scientifiques comme *Nature*. Ce genre de revue permet de satisfaire ma curiosité intellectuelle.

> 私はよくファッション雑誌を買います．ファッションに通じていたいからです．/ 私はスポーツ雑誌を読むのが好きです．スタジアムでサッカーの試合をかなり頻繁に見るからです．/ 私は『ネーチャー』のような学術雑誌が大好きです．この種の雑誌によって，私の知的好奇心が満たされるからです．

■ Exercice en Interaction [= exercice 3] ロールプレイング（3〜4分）

Sujet 1 同僚とレストランへ行く

あなたはパリにいます．今週末，あなたは町のレストランに行き，同僚の一人とディナーを食べます．行きたいレストランについて同僚と話し合ってください(場所, 価格, 種類 [フランス料理，イタリア料理，アジア料理])．

面接官が同僚の役を演じます．

解答例 52

Où est-ce qu'on va ce samedi ? Tu as une idée ? / Ah, c'est le restaurant italien très connu dans le Quartier latin. Je n'y suis jamais allée. / Mais, j'imagine qu' il est très cher, n'est-ce pas ? / Ah, je connais ce restaurant chinois près du *Printemps*. Il n'est pas cher mais très bon ! C'est une très bonne idée !

> 今週の土曜日はどこに行くの？ 何かアイデアはある？/ ああ，それはカルチエ・ラタンのすごく有名なイタリア料理レストランね．一度も行ったことがないわ．/ でも，そこはとても高いんじゃないの？/ ああ，プランタンの近くのあの中華レストランは知ってるわ．あそこは高くないのに，とてもおいしいのよ！ 非常にいい考えね！

先週から，あなたはとても歯が痛いです．歯医者に行って，あなたの状態を説明してください（いつから，どの歯が痛い，等）

面接官が歯医者の役を演じます．

解答例 53

(Qu'est-ce qui vous arrive ?) (Où est-ce que vous avez mal ?) / Bonjour Docteur, je viens vous voir car j'ai mal aux dents depuis la semaine dernière. / (Quelle dent vous fait mal ?) / C'est une dent du front à droite. / Ce mal de dent, c'est une douleur aiguë. / Je vous remercie Docteur. Au revoir.

> （どうなさいましたか？）（どこが痛いのですか？）/こんにちは（おはようございます）先生，先週から歯が痛いので診てもらいに来ました．/（どの歯が痛いのですか？）/右の前歯です．/ずきずき痛むんです．/ありがとうございました．さようなら．

Sujet 3 観光案内所にて

あなたはリヨンにいます．リヨンの旧市街へ行きたいと思っています．中心街の観光案内所に行って，案内所の係員に行き方について質問してください（交通手段，運賃，観光スポット…）．

面接官が係員の役を演じます．

解答例 54

Bonjour. Je voudrais aller au Vieux Lyon. Pouvez-vous m'indiquer l'itinéraire ? / Pour aller au Vieux Lyon, s'il vous plaît ? / Est-ce que vous avez le plan de la ville ? / Ah, ce n'est pas très loin. Mais je vais prendre quand même le métro. / Ça coûte combien ? / Je vais à la cathédrale de Saint-Jean. À part ça, qu'est-ce que vous recommandez comme site touristique ?

> こんにちは（おはようございます）．旧市街へ行きたいんですが，行き方を教えていただけますか？/旧市街へはどうやって行くんですか？/市街図がありますか？/ああ，そんなに遠くないんですね．でも，やっぱり地下鉄に乗ります．/いくらですか？/私はサン＝ジャン大聖堂へ行くつもりです．それ以外に，観光地としてどこがお勧めですか？

PARTIE 1

聴解　Compréhension de l'oral

　国民教育省，国際教育研究センター．「ヨーロッパ共通参照枠組み」の A2 レベル・DELF，口頭試験〔共通〕

　いくつかの録音文を聞いてください．それぞれ 2 回ずつ読まれます．それぞれの録音文の直前に，効果音（「タラララン」）が流れます．Exercice 1, 2, 3 では，正しい答えに ☒ をつけてください．

EXERCICE 1　6 points

〔設問〕

　公共の場におけるアナウンスを聞いてください．

　設問を読んでください．録音文を聞いてから答えてください．

〔スクリプト〕

【DOCUMENT 1】

Votre attention, s'il vous plaît. Votre magasin ferme ses portes de 12 heures à 13 heures, merci de rejoindre les caisses. L'après-midi, nous sommes ouverts jusqu'à 19 heures 30. Merci.

　　ご来店いただきありがとうございます．当店の閉店時間は 12：00 ～ 13：00 ですので，お会計にお進みください．午後は 7 時 30 分まで営業しています．ありがとうございます．

【DOCUMENT 2】

Bonsoir. Pour ne pas déranger le travail des artistes et pour le confort des spectateurs, il est interdit de téléphoner lors de la représentation. L'utilisation de smartphone est aussi interdite.

　　こんばんは．アーティストの仕事の妨げにならないように，また，観客の皆様が快適に過ごせるように，パフォーマンス中の電話は禁止されています．また，スマートフォンの使用も禁止されています．

【DOCUMENT 3】

Nous vous rappelons qu'il est interdit de fumer dans tous les espaces de l'aéroport, sauf dans les zones réservées aux fumeurs. Et l'utilisation de la cigarette électrique n'est pas autorisée. Merci.

　　空港内全てにおいて，指定された喫煙所以外での喫煙は禁止されていますのでご注意ください．また，電子タバコの使用も禁止されています．よろしくお願いいたします．

【DOCUMENT 4】

Bonjour. Nous vous rappelons que le port du masque est obligatoire dans toute la bibliothèque. Avant de réserver votre place, il vous faut vous inscrire. Pour vous inscrire, veuillez prendre rendez-vous sur l'application « Affluences ».

おはようございます（こんにちは）．当図書館は全館でマスクの着用が義務付けられていますので，ご注意ください．座席を確保する前に登録が必要です．アプリ《混雑状況》でご予約ください．

【DOCUMENT 5】
Mesdames et messieurs, nous vous souhaitons la bienvenue à l'aéroport de Paris Charles de Gaulle où l'heure locale est 8h12. Nous vous remercions d'avoir choisi American Air pour votre voyage, et nous espérons vous revoir prochainement sur nos lignes. Nous vous souhaitons une excellente journée.

ご搭乗の皆さま，パリ・シャルル・ド・ゴール空港へようこそ！ 現地時間で午前 8 時 12 分です．この度はアメリカン航空をご利用いただきありがとうございました．またのご利用をお待ちしております．素晴らしい一日になりますように．

【DOCUMENT 6】
Mesdames, messieurs, bonjour. La SNCF et votre chef de bord vous souhaitent la bienvenue dans ce TGV, numéro 6035, à destination de Montpellier Saint-Roch. Dans quelques instants nous passerons parmi vous. Si vous avez rencontré des difficultés pour composter votre billet, n'hésitez pas à nous solliciter.

Mesdames, messieurs こんにちは（おはようございます）．Montpellier Saint-Roch 行きの TGV 6035 号へようこそ．もうしばらくしますと車掌が皆さまのところへ伺います．切符へ刻印を入れるのに問題がありましたら，お気軽にお問い合わせください．

〔解説〕
❶ 設問「このアナウンスはいつ聞けますか？」．スーパーまたは商店のお昼休みのアナウンスです．B.「正午」を選びます．他の選択肢はそれぞれ，A.「朝」，C.「晩」．
❷ 設問「パフォーマンス中に…は禁止されていません」．言及されていない A.「水を飲む」が正解です．他の選択肢はそれぞれ，B.「電話をかける」，C.「スマートフォンを使う」です．
❸ 設問「何が許されていますか？」．空港内で唯一許されているのは A.「指定された喫煙所での喫煙」です．他の選択肢はそれぞれ，B.「電子タバコを使用する」，C.「空港内で喫煙する」です．
❹ 設問「図書館では何をしなければなりませんか？」．A.「マスクを着用する」が正解です．予約制なので B.「自分の好きな席に座る」ことはできません．また，アプリで予約しなくてはいけないので，C.「窓口で予約する」も当てはまりません．
❺ 設問「この後，何が起きますか？」．「またのご利用をお待ちしております」とありますから，これからパリに着陸する A. を選びます．他の選択肢はそれぞれ，B.「パリから離陸する」，C.「アメリカへ向けて出発する」です．
❻ 設問「切符への刻印に問題がある場合，あなたは～必要がある」．本文で使われている動詞 composter は「切符パンチ機で刻印を入れる」という意味です．フラン

スでは普通，乗車前に切符に刻印を入れなければなりません．駅にこの刻印を入れる刻印機 (compositeur) が設置されています．「刻印を入れること」(compostage) を忘れると，乗車後に車掌が切符の検査に来た時に，罰金を払わなければなりません．ここでは B.「そのことを車掌に伝える」が正解です．他の選択肢はそれぞれ A.「刻印機を探す」，C.「TGV の真ん中の車両へ行く」です．最近では，刻印の必要のない e チケットも急速に普及しています．

解答 | 1 point par réponse

| ❶ B. | ❷ A. | ❸ A. | ❹ A. | ❺ A. | ❻ B. |

語彙

□ rejoindre「[場所] に戻る，たどりつく」　□ la représentation「上演，公演」
□ le port「着用，所持」< porter「着用する」

EXERCICE 2　6 points

〔設問〕

あなたはラジオを聞いています．

設問を読んでください．録音文を聞いてから答えてください．

〔スクリプト〕

【DOCUMENT 1】

Paris-info il est huit heures. Une bouteille jetée à la mer il y a 132 ans a été retrouvée sur une plage en Australie. Dans la bouteille, un message roulé entouré d'une ficelle a été découvert. Le document était daté du 12 juin 1886 et indiquait qu'il avait été jeté à l'eau depuis un voilier allemand, le Paula, à 950km du rivage australien.

パリ＝アンフォが 8 時をお知らせします．132 年前に海に投げ込まれた瓶がオーストラリアの海岸で発見されました．瓶の中に，丸められて紐で縛られたメッセージが見つかりました．この文書は 1886 年 6 月 12 日付で，オーストラリアの海岸から 950km 離れた場所で，ドイツの船《ポーラ》から投棄されたことが記されていました．

【DOCUMENT 2】

De fin juillet à mi-août, dans le parc de la Villette, la projection de films aura lieu en plein air. Toutes les séances sont gratuites, mais l'accès au parc se fait sur inscription sur le site Internet.

7 月末から 8 月中旬にかけて，ヴィレット公園では屋外で映画が上映されます．すべての上映会は無料ですが，入園はウェブサイトでの登録が必要です．

【DOCUMENT 3】

Information gastronomique. Le samedi 17 octobre, la « Compétition du chocolat » se passera à Paris. Les participants vont chez les chocolatiers avec un « passeport de chocolat » pour goûter la création faite spécialement pour cet évènement, et estimer sa qualité. Pour avoir ce passeport, rendez-vous sur le site : www.Competitiondechocolat.fr ».

美食家のための情報です．10月17日（土）にパリで「チョコレート・コンペティション」が開催されます．参加者は「チョコレートパスポート」を持ってショコラティエ（チョコレート製造業者）を訪れ，このイベントのために作られた作品を試食し，その品質を評価します．このパスポートを取得するには，www.Competitiondechocolat.fr にアクセスしてください．

〔解説〕

❶ 設問は「この瓶は～前に海に投棄されました」．Il y a 132 ans「132年前」をしっかり聞き取りましょう．

❷ 設問は「瓶の中の文書は～年のものです」．テクスト中に，いくつか数字が出てきますが，Le document était daté du 12 juin 1886 という箇所から正解の1886年を選びます．

❸ 設問「この記者はどんなイベントについて話していますか？」．en plein air「野外で」を聞き取り，B. を選びましょう．

❹ 設問「このイベントに参加するには，…が必要です」．inscription sur le site Internet「ネット上の申し込み」とありますから，A. が正解です．参加は無料なので，B.「ネット上で支払う」，C.「窓口で切符を買う」はいずれも当てはまりません．

❺ 設問「このイベントはどこで行われるのですか？」．Les participants vont chez les chocolatiers（参加者はそれぞれのショコラティエのところへ行く）とありますから，B.「ショコラティエのところで」が正解です．他の選択肢はそれぞれ，A.「空港で」，C.「国際見本市で」です．

❻ 設問「このイベントに参加するには，…をしなければなりません」．このイベントに参加するのは「チョコレート・パスポート」が必要です．この「パスポート」を入手するためには，rendez-vous sur le site …「～のインターネットのページにアクセスしてください」とありますから，C.「コンペティションのページにアクセスする」が正解です．他の選択肢 A.「ショコラティエで尋ねる」，B.「会う約束をする」はいずれも言及されていません．

解 答	1 point par réponse				
❶ A.	❷ B.	❸ B.	❹ A.	❺ B.	❻ C.

語 彙

- □ un message roulé「筒型に巻いたメッセージ」
- □ en [au] plein air「野外で，戸外で」　□ séance「映画の上映，劇の上演」
- □ gastronomique「美食術の，料理法の」→ここでは「美食家向けの」といったニュアンス．
- □ estimer la qualité「品質を評価する」
- □ rendez-vous：ここでは動詞 se rendre à「～へ行く」の命令形．名詞は un rendez-vous「会う約束」

EXERCICE 3 6 points

〔設問〕

　あなたは電器販売店で働いています．

　留守番電話でこのメッセージを聞いています．

　質問を読んでください．メッセージを聞いてから答えてください．

〔スクリプト〕

Bonjour, je suis M. Bernard de *Paris Export*. Pouvez-vous envoyer un de vos techniciens à notre bureau au 29 Rue Frédéric Chopin, parce qu'il y a quelque chose qui ne va pas avec nos ordinateurs. Ils sont complètement bloqués, et les messageries ne fonctionnent pas. Tout d'abord, pouvez-vous me rappeler le plus vite possible aujourd'hui pour trouver ensemble une solution ? Le numéro de téléphone de notre bureau est : 01 46 56 18 21. Aujourd'hui, je vais rester au bureau jusqu'à 20h. C'est urgent. On a besoin d'établir une liste de marchandises avant demain soir. Merci beaucoup !

> こんにちは．パリ・エクスポールのベルナールです．フレデリック・ショパン通り 29 番地の当社に技術者を派遣してもらえませんか．コンピュータの調子が悪いのです．全く動かなくなって，メールも送れません．まずは一緒に解決策を探すために，今日のうちになるべく早く電話をかけてもらえませんか？ オフィスの電話番号は 01 46 56 18 21 です．今日，私は 20 時までオフィスにいる予定です．あまり時間がありません．明日の夜までに商品リストを作成しなければならないのです．よろしくお願いします！

〔解説〕

❶ 設問「**パリ・エクスポールはどこにありますか？**」．数字をしっかり聞き取り，C. を選びましょう．

❷ 設問「**何が起こったのですか？**」．quelque chose qui ne va pas avec nos ordinateurs「コンピューターの調子が悪い」を聞き取って A. を選びます．

❸ 設問「**ベルナール氏は何を求めていますか？**」．Pouvez-vous envoyer un de vos techniciens à notre bureau「会社に技術者を派遣してください」とありますから，C.「技術者を派遣する」が正解です．他の選択肢はそれぞれ，A.「商品を送る」，B.「新しいコンピューターを送る」です．

❹ 設問「**あなたは…をしなければなりません**」．pouvez-vous me rappeler「折り返し電話してください」を聞き取り，A.「ベルナール氏に電話をする」を選びます．その他の選択肢はそれぞれ，B.「ベルナール氏の電話を待つ」，C.「ベルナール氏にメール（メッセージ）を送る」です．

❺ 設問「**今日は何時までにベルナール氏と連絡を取る必要がありますか？**」．ベルナール氏はオフィスに 20 時までいる予定なので，C.「20 時までに」を選びます．

❻ 設問「**ベルナールさんが急いでいるのは，…必要があるからです**」．彼は C.「明日の晩までに商品リストを作る」必要があるので急いでいます．他の選択肢はそれぞれ A.「明日の晩までに商品を送る」，B.「明日の晩までに顧客にメールを送る」です．

解 答　1 point par réponse

❶ C.　　❷ A.　　❸ C.　　❹ A.　　❺ C.　　❻ C.

語 彙

□ messagerie électronique 電子メール

EXERCICE 4　7 points

〔設問〕

4 つの対話が流れます．それぞれの対話に対応するシチュエーションに ☒ を記入してください．

《注意》 シチュエーションは 6 つですが，対話は 4 つしかありません．

シチュエーションを読んでください．対話を聞いて，答えてください．

〔スクリプト〕

【対話 1】

— Christophe, tu es là ?

　— クリストフいる？

— Oui. Je suis dans ma chambre.

　— うん．僕の部屋だよ．

— Je vais au supermarché. Tu viens avec moi ?

　— 私，スーパーに行くんだけど，一緒に来る？

— Non, je ne peux pas t'accompagner. J'ai mes devoirs de mathématiques.

　— いや，一緒に行けないよ．数学の宿題があるんだ．

【対話 2】

— Allons-y, le tapis roulant s'est déjà mis en marche.

　— 行こう．（荷物の）ターンテーブルがもう動き始めてる．

— Tiens ! Voilà une partie de nos bagages !

　— ほら！ あれも私たちの荷物よ！

— Prenez chacun quelque chose.

　— それぞれが何かを受け取って．

— Cette valise est très lourde.

　— このスーツケースはすごく重いわ．

— Alors, donne-la-moi. Prends celle-ci qui est plus petite.

　— じゃあ，僕に渡して． もっと小さいこれを持って．

— Celle-ci aussi est trop lourde pour moi.

　— これも私には重すぎるわ．

【対話 3】

— Bonjour ! Que désirez-vous, monsieur ?

　— こんにちは！ 何をいたしましょう？

— Envoyez cette lettre, en express.

　— この手紙を速達で送ってください．

— Vous avez oublié d'indiquer le code postal.
　Tenez, voici un stylo-bille !

　— 郵便番号の入力をお忘れですね．
　　はい，ボールペンです．

— Ah, oui ! Excusez-moi !

　— ああ，そうですね！ すみません！

— Quelque chose d'autre ?

　— 他に何かございますか？

— Non, ce sera tout. Merci.

　— いいえ，それだけです． ありがとうございます．

【対話 4】

— Tiens, voici un jeton, va prendre un caddy ! Moi, je vais prendre un numéro
　au rayon charcuterie. Retrouvons-nous devant l'ascenseur.

　— はい，これがメダル，カートをとってきて！ 私は肉屋の番号札を取りに行くわ． エレベーター
　　の前で待ち合わせしましょう．

— D'accord. Ne tarde pas.

　— わかったよ． 遅れないで．

〔解説〕

❶ D.「家で」を選びます． 母親が子供部屋にいる息子に，スーパーに一緒に行くかど
　うか尋ねるという会話です．

❷ A.「空港で」を選びます． le tapis roulant は空港で荷物を受け取る「ターンテーブ
　ル」のことです． 形容詞 roulant は，un fauteuil roulant「車いす」，un escalier

(215)

roulant「エスカレーター」などにも使われています.

❸ B.「郵便局で」を選びます.Que désirez-vous ? は「何をいたしましょう?」とい
う顧客に対する定型表現.

❹「カート」や「肉屋の番号札」などから,C.「スーパーマーケットで」を選びます.

解答　1. 2. 3. [2 points] / 4. [1 point]

Dialogue 1：D.　　　Dialogue 2：A.　　　Dialogue 3：B.　　　Dialogue 4：C.

語　彙

□ **un jeton**「貨幣の代わりに使うコイン」
□ **un caddy (caddie)**「(スーパーマーケット,空港,駅などで客が自分で荷物を運ぶための) カート」
□ **Ne tarde pas.**「ぐずぐずしないで」

PARTIE 2

読解　Compréhension des écrits

EXERCICE 1 　6 points

〔設問〕
　あなたはフランスの電器販売店で働いています.お店にタブレットを買いたいお客
さんが訪れます.

---

❶ **Tablette Tactile Enfant**：
15,5 x 8,7 cm　対象年齢：1 歳〜
補強シリコン製のホルスター付きで頑丈です.
シンプルな教育ゲーム,音楽を提供します.
52 ユーロ

❷ **Liseuse light**：
16 x 11,5 cm
白黒の電子ブックで,印刷された本のように見えます.軽いです (161 グラム).
70 ユーロ

❸ **Milky Way Book tactile Wi-fi**：
26,6 x 14,9 cm
Wi-fi, Word, Excel, PowerPoint などがインストール済.
650 グラム
799 ユーロ

❹ **Tablette Milky Way A6 Wi-fi :**
25,6 x 15,5 cm
映画観賞用の大きな画面です.
530 グラム.
189 ユーロ

❺ **Tablette tactile - Story Max**
15,5 x 8,7 cm　対象年齢：４歳〜
教育ゲーム，音楽，書籍が豊富にとりそろえてあります.
青少年の安全のためのペアレンタルコントロールを備えています.
132 ユーロ

❻ **Tablette imperméable – Arrow**
22,32 x 12,57 cm
このタッチタブレットを使えば，シャワーを浴びながら写真を見ることができます.
325 ユーロ

〔設問〕
　それぞれのプロフィールに合う文書を選んでください.
　《注意》人物は８名ですが，文書は６つしかありません.
　　　　それぞれの文書に１つだけ⊠を入れてください.

A. ピカールさんは10歳の姪のためにペアレンタルコントロール付きのタブレットを探しています.
B. コランさんは旅行中の映画鑑賞用に，200 ユーロ未満のタブレットを望んでいます.
C. ムニエさんは小説を読むためだけのタブレットを探しています.
D. ポワリエさんは２歳の孫が教育ゲームをするためのタブレットを希望しています.
E. ロランさんは出張中に仕事をするためのタブレットを望んでいます.
F. デュバル氏は，２歳の孫娘のためにタブレットを探しています.予算は40 ユーロです.
G. メイエール氏は，500 ユーロ以下で，Word と Excel が搭載されたタブレットを探しています.
H. ベルジェ夫人は，自宅のプールサイドで使えるタブレットを探しています.

〔解説〕
A. Mme Picard : un contrôle parental「ペアレンタルコントロール」付きのタブレットは ❺ だけです. ❺ の un éventail de 〜は「バラエティに富んだ〜.（選択の）幅をもった〜」という言い回し.

B. M. Colin : pour regarder des films「映画観賞用」で．moins de 200 euros「200 ユーロ未満」の条件に合致するのは ❹ です．de bonne taille は「十分に大きい」というニュアンスです．

C. Mlle Meunier : une tablette uniquement pour lire des romans「小説を読むためだけのタブレット」には．白黒の画面で．ressemble à un livre imprimé「印刷された本のように見える」❷ が当てはまります．

D. Mme Poirier :「2 歳の孫が教育ゲームをするためのタブレット」なので．❶ がお勧めです．une housse は「カバー．覆い」で．en silicone renforcée は「（強化された→）補強シリコン製」という意味です．

E. M. Rolland :「出張中に仕事をするための」という条件に合うのは．Wi-fi．Word．Excel．PowerPoint などの仕事に必要な機能・ソフトが préinstallé「プレインストール」されている ❸ です．

F. M. Duval : 2 歳の子供用のタブレットだと．❶ が当てはまりそうですが．予算が 40 ユーロ以下なので選ぶことはできません．

G. M. Meyer : Word と Excel 搭載のタブレットは ❸ ですが．予算が 500 ユーロ以下なので．選べません．

H. Mme Berger : 自宅のプールサイドで使える防水のタブレットは．❻ の「防水タブレット」です．imperméable は形容詞では「防水の」．名詞では「レーンコート」という意味です．

解 答　1 point par réponse

❶ D.　　❷ C.　　❸ E.　　❹ B.　　❺ A.　　❻ H.

EXERCICE 2　6 points

〔設問〕
　あなたはたった今このメールを受け取りました．設問に答えてください．

差出人：editionsjeunesseparis@courriel.fr
受取人：XXX@courriel.fr
件名：ジュネス・パリ出版での面接：編集者のポスト

XXX 様
　まず，当社へのご応募，ありがとうございました．あなたの履歴書に感銘を受けましたので，当社での採用面接の際にお会いしたいと思います．この機会に，あなたのことをより良く知りたいと望んでいますし，あなたが申請した編集者の

ポストについて詳しく説明させていただきます.

　この一連の面接を最もよく成功させるために，当社のウェブサイト www.editions-jeunesse-paris を是非ご覧ください．当社の活動についてさらに情報を得ることができるでしょう．

　下記の中から都合の良い日付を選んで教えてください．その後，手続きの詳細を含む招待状をお送りします．

－9月10日（月）午前10時
－9月11日（火）午前9時
－9月12日（水）午前9時

お目にかかるのを楽しみにしております.
よろしくお願い致します.
ソフィー・ジルー
ジュネス・パリ出版

〔解説〕

❶ 設問「**ソフィー・ジルーとは誰ですか？**」．このメールの文面だけでは，彼女が A.「社長；部長」かどうかは分かりません．C.「差出人」を選びます．B. は「受取人」です.

❷ 設問「**このメールの目的は何ですか？**」．冒頭で，差出人が merci pour votre candidature au sein de notre société「当社へのご応募，ありがとうございました」と書いてありますから，A.「求職」でも B.「求人」の知らせでもなく，C.「面接を準備する」ためのメールです.

❸ 設問「**面接試験は～行われます**」．une entretien d'embauche は「面接試験」です．女性名詞 embauche は「職，働き口；採用」という意味です（例：bureau d'embauche「職業紹介所」．正解は C.「直接当社で（←向かい合って，差し向かいで）」．他の選択肢はそれぞれ A.「スカイプで」，B.「電話で」です.

❹ 設問は「**どのような仕事への応募ですか？**」．メールの件名に le poste d'éditrice とあるので，éditeur (éditrice) はここでは「編集者」の意味です．A. が正解です．他の選択肢はそれぞれ B.「会計係」，C.「秘書」です.

❺ 設問「**面接試験を受ける前に，何をすることが推奨されていますか？**」．ソフィー・ジルーは面接対策に活用して欲しいものとして，会社のウェブサイトを覗いておくように促しています．C.「この会社のホームページを読む」が正解です．他の選択肢は A.「この出版社の若者向けの本を読む」，B.「電話で情報を尋ねる」です.

❻ 設問「**面接を受けたい場合，何をしなければなりませんか？**」．本文中の Merci de me faire savoir quelle date vous conviendrait「都合の良い日付を教えてくだ

い」の箇所から，A.「メールで自分の都合を知らせる」を選ぶことができます．日付が決まってから面接なので，C.「9月10日までに出版社に行く」は当てはまりません．選択肢 B. は「詳細を記載した招待状を送る」です．

解答　1 point par réponse

❶ C.　　　❷ C.　　　❸ C.　　　❹ A.　　　❺ C.　　　❻ A.

EXERCICE 3　6 points

〔設問〕
　このインターネットのページを読んで，設問に答えてください．

合鍵の作製
Clé plate
6 €
▶ 複製：1 本
▶ 元鍵が必要です．
▶ 30 分

Clé à gorges
12 €
▶ 複製：1 本
▶ 元鍵が必要です．
▶ 45 分

特殊な鍵
40 €
▶ 複製：1 本
▶ 元鍵が必要です．
▶ 約 60 分

提出書類リスト
▶ 有効な身分証明書のコピー
　　「所有権カード」（鍵の複製に必要なカード）をお持ちでない場合．
▶「所有権カード」の紛失証明書
▶ EDF（フランス電力公社）またはフランステレコムの請求書（3 ヶ月以内のもの）.

「所有権カード」がない場合，このカードの作成には 62 ユーロの追加料金がかかります．

出張サービス
出張サービスの費用は 40 ユーロです．

夜間，週末および祝日の料金
　晩（18 〜 22 時）の時間帯は 50％の追加料金，夜間（22 〜朝 7 時），週末および祝祭日には 100％の追加料金が発生します．

〔解説〕

❶ 設問は「この広告は何を提案していますか？」です．広告の冒頭に Double de vos clés「あなたの鍵のコピー（複製）」とありますから，C.「合鍵を作製する」を選びます．他の選択肢はそれぞれ A.「新しい鍵を作製する」，B.「紛失した鍵を探す」です．

❷ 設問は「Clé plate の複製にはどれくらい時間がかかりますか？」です．A. を選びます．

❸ 設問「Clé à gorges はいくらですか？」．B.「12 ユーロ」が正解です．

❹ 設問は「所有権カードがない場合，このサービスを利用するための必要書類は何ですか？」です．Liste des pièces à fournir「提出すべき書類（証明書）リスト」の欄に書かれている書類です．リストには身分証明書のコピーと書かれていますから，A.「身分証明書の原本」は必要ありません．C.「3 ヶ月以内の家賃領収書」は本文中に記載がありません．B.「「所有権カード」の紛失証明書」が正解です．

❺ 設問「月曜日の 21 時頃に《特殊な鍵》の合鍵作成を依頼した場合，合計の料金はいくらになりますか？」．21 時頃だと夜間料金になり，50％の追加料金がかかります．したがって，40 ユーロ＋ 20 ユーロで，合計 60 ユーロとなります．B. が正解です．

❻ 設問「土曜日の 19 時頃に，この業者を自宅まで呼んで合鍵を 1 本作製してもらった場合，料金は合計いくらになりますか？」．基本料金 6 ユーロだけでなく，土曜日は le week-end ですから majoration de 100%「100％の追加料金」がかかります（＋ 6 ユーロ）．また，自宅までの出張費が 40 ユーロも加算されますので，合計 52 ユーロになります．C. を選びます．

解答	1 point par réponse

❶ C.　　❷ A.　　❸ B.　　❹ B.　　❺ B.　　❻ C.

語彙
□ en cours de validité「有効な」：en cours de ＋無冠詞名詞は「〜が進行中の；〜途中の」という意味．

〔設問〕
　あなたはフランスのウェブサイトでこの記事を読んでいます．設問に答えてください．

Cauterets から 7km，素晴らしい景観

　ピレネー国立公園の中央にあるスペイン橋（Pont d'Espagne）からは，美しい山の景観が楽しめます．

　ピレネー山脈で最も美しい湖のひとつであるガウベ湖（lac de Gaube）は標高1725m で，易しい散策コースです．遠くにフランス側のピレネー山脈の最高峰であるヴィニュマール（Vignemale，3298m）を臨みます．スペイン橋は多くの散歩コースの出発点であり，コースが整備されたおかげで，この景勝地を楽しむのに経験豊富である必要はありません．あなたが使える時間に応じて，いくつかの可能なコースがあります．ガウベ湖へ行くのに，例えば行きをチェアリフト＊(標高差 225m)，帰りを GR 10＊＊経由（下りは約 1 時間 15 分かかります）で歩いて戻ってくることもできますし，徒歩で往復することもできます．チェアリフトで往復する場合は約 2 時間かかります（チェアリフトの運行期間は 6 月 2 日から 9 月 30 日までです）．

　一般に，最初にガウベ湖に行き，スペイン橋に戻って終わるのが最良のコースです．景勝地「スペイン橋」の入り口から 5 分ほど歩くと，小さな石橋があります．この石橋から景勝地の名前がつきました．そこは滝が見える素晴らしい眺めです．スペイン橋からは，それほど困難ではない他の散策コースも楽しめます．例えば，古くからの小道を通ってマルカドーへ到るコース（2 時間 30 分の行程）などです．

　＊télésiège：チェアリフト．2～4 人乗りの椅子型リフト．
　＊＊GR 10：地中海と大西洋を結ぶピレネー山脈を横断するハイキングコース．

〔解説〕
❶ 設問は「この記事の全体に通じるテーマは〜です」．複数の散策コースを紹介しています．B.「散策コースの紹介」が正解です．紹介されているチェアリフトの運用時期は 6 月 2 日〜9 月 30 日なので，夏山の話であることが分かります．他の選択肢 A.「スキー場の紹介」は当てはまりません．もう一つの選択肢 C.「ピレネーの山々の紹介」は文章全体に通じるテーマではありません．

❷ 設問「スペイン橋はおおよそどれくらいの高度にありますか？」．スペイン橋から標高 1725m にあるガウベ湖までは，標高差が 225m あると書いてあります．A.「1500m」を選ぶことができます．

❸ 設問は「チェアリフトを使うと，スペイン橋からガウベ湖までどれくらいの時間が

かかりますか？」．En prenant le télésiège à l'aller et au retour, compter près de 2 h 「チェアリフトを使うと，往復で約 2 時間かかる」とありますから，片道だと約 1 時間になる計算です．他の選択肢はそれぞれ，B「約 2 時間」，C「2 時間以上」．

❹ 設問は「**筆者はまず最初に～に行くことを勧めている**」です．最後の段落の冒頭で mieux vaut (…)「～するほうがよい」とあります（Mieux vaut = Il vaut mieux + inf. [que ＋接続法]）．d'une manière générale は「全般的に言えば，たいていは」という意味です．B. が正解です．

❺ 設問は「**ヴィニュマールまでチェアリフトで行くことができます**」．ヴィニュマールは遠くに見えるピレネー山脈の最高峰ですから，チェアリフトでは行けません．Faux（誤）を選びます．

❻ 設問は「**スペイン橋から，古くからの小道を通ってマルカドーへ行くことができます**」です．スペイン橋からは，散策コースがいくつもあって，マルカドーへ到るコースも紹介されています．Vrai（正）を選びます．

解 答 1. 3. 5. 6. [1 point] / 2. 4. [1,5 point]

❶ B. ❷ A. ❸ A. ❹ B. ❺ ☒ Faux ❻ ☒ Vrai

PARTIE 3

文書作成 Production écrite

EXERCICE 1 | 13 points

〔設問〕

あなたはある楽器を個人授業で習い始め，最初の授業が終わったところです．友達にメールを書いて，授業の様子や，なぜその楽器を弾きたいのかを説明してください．（60 語以上）

作文例

Salut Camille !
Aujoud'hui, c'était mon premier cours de piano. C'était environ une heure et demie. J'ai fait beaucoup de fausses notes. Mais ça s'est bien passé. Je ne joue pas encore très bien, mais j'étais très contente de jouer au piano. J'aime jouer au piano parce que j'adore la musique classique, surtout, Mozart. J'espère pouvoir jouer sa sonate un jour !
À bientôt !
[votre prénom]

Salut カミーユ！
今日は初めてのピアノの授業だったの．1時間半ぐらいだったわ．たくさん弾き間違いをしたけど，良かったわ．まだ上手に弾けないけど，ピアノを弾くのがとても嬉しかった．私がピアノを弾くのが好きなのは，クラシック音楽，特にモーツァルトが大好きだからなの．いつかモーツァルトのソナタを弾けるようになりたいわ！
またね！
[名前]

EXERCICE 2 | 12 points

〔設問〕

あなたはフランス人の女友達からこの招待状を受け取りました．彼女に返事を書いてください．この招待に感謝した上で，ヴェルニサージュに行くのを断ってください．行けない理由を説明してください．（60語以上）

私のデッサン・絵画の展覧会について
あなたにお知らせすることができて嬉しいです．
日時：2023年12月9日〜15日午前10時〜午後6時
日曜日も開催しています．
場所：パリ9区，モーブージュ通り7番地の2，地下鉄7番線 Cadet 駅
ヴェルニサージュ：12月9日（土）
11月25日までにご出欠を教えていただけますでしょうか．
セシル・ラミ

作文例

Chère Cécile,
Merci de m'avoir invité(e) pour le vernissage de ton exposition.
Félicitations pour ton exposition !
Je ne peux malheureusement pas venir au vernissage, parce que je serai à Londres pour un voyage d'affaires à ce jour-là. J'en suis vraiment désolé(e).
Je pourrais venir à ton exposition dimanche ou lundi, j'espère.
J'espère qu'on pourra se voir à cette occasion.
Merci encore pour ton invitation !
À bientôt !
[Votre prénom]

親愛なるセシル，
あなたの展覧会のヴェルニサージュに招待してくれてありがとうございます．

展覧会おめでとうございます！

残念ながら，私はその日，出張でロンドンにいるので，ヴェルニサージュには行けません．本当に残念です．

おそらく日曜日か月曜日に展覧会に行けると思います．

その機会に会えることを願っています．ご招待いただきありがとうございます．

近いうちに会いましょう．

［名前］

PARTIE 4

口頭表現（口頭試験）Production orale

■ Entretien dirigé　自己紹介（約 1 分 30 秒）

A2 [1] 参照.

■ Monologue suivi　短い口頭発表（約 2 分）

〔設問〕

Sujet 1 映画

あなたのお気に入りの映画は何ですか？　どうして好きなのかを説明してください.

解答例　🎧 55

Je préfère les films d'action. Car j'aime beaucoup les scènes spectaculaires, ça me détend. / Je préfère les films de science fiction. Parce que j'adore les effets spéciaux qui créent des images irréelles et extraordinaires. / Je préfère les films policiers. Car je trouve intéressant de voir le personnage principal résoudre des énigmes.

私はアクション映画が好きです．壮大なシーンが好きで，リラックスできるからです．／私はSF 映画が好きです．非現実的で並外れた映像を生み出す特殊効果が大好きだからです．／私は刑事物の映画が好きです．主人公が謎を解くのを見るのが面白いからです.

Sujet 2 一軒家？　アパルトマン？

あなたは一軒家に住みたいですか，それともアパルトマンですか？　その理由を説明してください.

解答例　🎧 56

Je préfère vivre dans une maison. Parce qu'il y a beaucoup d'espace pour que mes enfants puissent jouer. / Je préfère pour le moment vivre dans un appartement. Comme je suis célibataire, je ne trouve pas nécessaire d'avoir une maison pour le moment. Parce qu'une maison demande beaucoup de travaux d'entretien.

> 私は一軒家に住む方が好きです．なぜなら，私の子供たちが遊ぶスペースがたくさんあるからです．/ 私は今のところアパルトマンに住む方が好きです．独身ですから，今のところ一軒家を持つことが必要だとは思いません．一軒家だと，維持するのに必要な仕事がたくさんあるからです．

Sujet 3 交通機関

あなたはどんな交通機関を使っていますか？

解答例 57

Le plus souvent j'utilise le train / le bus / ma voiture ... / Je prends mon vélo pour les trajets de 20 minutes. / J'utilise toujours ma voiture car c'est beaucoup plus confortable que le train. Aller au travail en train bondé est insupportable pour moi. / J'aime utiliser le vélo car cela me permet de faire du sport. / Je me déplace à pieds car c'est plus économique.

> ほとんどの場合，私は電車（バス / 自家用車）を使っています．/ 私は20分かけて自転車で通っています．/ 私はいつも自家用車を使っています．電車よりもずっと快適だからです．満員電車に乗って仕事へ行くのは，私には我慢できません．/ 私は自転車に乗ることが好きです．運動することになるからです．/ 私は徒歩で移動します．より経済的だからです．

■ Exercice en Interaction ロールプレイング（3〜4分）

Sujet 1 地下鉄の窓口

あなたは2日間パリに滞在します．地下鉄の駅の窓口へ行って，地下鉄の切符を買ってください．係の人に質問してください（切符の値段，条件…）．
面接官が係の人の役を演じます．

解答例 58

Bonjour. Un carnet, s'il vous plaît. / Je vais séjourner à Paris pendant 2 jours. Je voudrais acheter un carnet. / Maintenant le ticket « traditionnel » en carton n'est plus en vente. / Il faut d'abord acheter une carte « Navigo » à 2 euros. Ensuite, on peut recharger sur cette carte un carnet de dix tickets, par exemple. / La photo n'est pas nécessaire. / Combien coûte un carnet ? / Un carnet coûte 14,60 euros. / D'accord. Je prends cette carte Navigo. / Pouvez-vous recharger un carnet de dix tickets, s'il vous plaît ?

> こんにちは（おはようございます）．地下鉄の回数券をお願いします．／私は2日間パリに滞在します．カルネを買いたいのですが．／従来の紙のカルネはもう販売していないんです．／最初に Navigo カードを2ユーロで購入する必要があります．それから，そのカードに10枚綴りのカルネをチャージすることができます．／顔写真は必要ありません．／カルネは いくらですか？／カルネは 14.60 ユーロです．／わかりました．その Navigo カードをください．／10枚綴りのカルネをチャージしてもらえますか？

Sujet 2 忘れ物

昨夜，あなたはレストランにバッグを忘れてしまいました．あなたはそのバッグを探しにレストランに戻ります．レストランの従業員にどんなバッグか説明してください（サイズ，色，中に入っている品物…）．

面接官がレストランの従業員の役を演じます．

解答例 59

Bonjour. Je viens chercher mon sac que j'ai oublié hier soir. / J'étais à la table au fond avec mes trois amis. Vous vous souvenez de nous ? / C'est un sac carré marron de taille moyenne. Il y a une tablette tactile dedans. / Merci beaucoup. Au revoir.

> こんにちは（おはようございます）．私は昨夜忘れてしまったバッグを探しに来たんです．／私は3人の友達と一緒に奥のテーブルにいました．私たちのことを覚えていますか？／それは中ぐらいのサイズ，正方形で栗色のバッグです．中にタブレット PC が入っています．／ありがとう．さようなら．

Sujet 3 託児所

仕事の間に子供を預かってくれる託児所を探しているあなたは，近所に託児所を1つ見つけました．そこへ行って，登録について問い合わせてください．その託児所の責任者に質問してください（空き状況，料金，営業時間…）

面接官が託児所の責任者の役を演じます．

解答例 60

Bonjour, je voudrais inscrire mon enfant à votre garderie. / Comment faire l'inscription ? / Est-ce que vous avez une place disponible pour mon enfant ? / Quels papiers dois-je apporter la prochaine fois ? / Combien coûtent l'inscription ? / Quels sont les horaires de votre garderie ? / À peu près

combien de mois doit-on attendre avant qu'il y ait une place disponible ?

こんにちは（おはようございます）．あなたの託児所に私の子供を登録したいのですが．/登録はどのようにすればいいのでしょうか？/私の子供のために空きはありますか？/次に来るときにはどんな書類が必要ですか？/登録費はいくらですか？/託児所の営業時間はどうなっていますか？/空きが出るまで，だいたい何ヶ月待たなければなりませんか？

基本的な文法事項 —————————

1) 名詞と形容詞の男女の一致

- 英語と違い，フランス語では形容詞も形が変化します．原則として，形容詞の男性単数形の後ろに -e を付けると女性単数形になります．

  【例】un homme français, une femme française

2) 名詞と形容詞の単複の一致

- 原則として，名詞も形容詞も，（男性・女性）単数形の後ろに -s をつけると複数形になります．

  【例】une maison, deux maisons

3) 不定冠詞

	単数	複数
男性	un	
女性	une	des

- 不定冠詞は，特定できない人や物を指します．

  【例】Un homme et une femme sont assis sur un banc.

  　　ベンチに男女が座っている．（誰かは分かりません）

  　　Il y a des livres sur la table.

  　　テーブルの上に本が置いてある．（どの本が置いてあるかは明記されていません）

4) 定冠詞

	単数	複数
男性	le	
女性	la	les

- 定冠詞は，識別可能な人や物を指します．

  【例】Le cours d'anglais a commencé. Le professeur est sévère.

  　　英語の授業が始まりました．先生は厳しいです．

  　　→ 話者のクラスと話者の先生のことを話しています．

- 定冠詞は，物事や人の一般的なカテゴリーを指します．

  【例】Les Suisses sont bilingues.

  　　スイス人はバイリンガルです．

〈注意〉次のような前置詞と le / les の縮約形に注意してください.

à + le → au   à + les → aux   【例】Je parle au directeur.

de + le → du   de + les → des   【例】Je parle du directeur.

4)ᵇ 指示形容詞 Les adjectifs démonstratifs

	男性	女性
単数（この・あの）	ce / cet	cette
複数（これらの・あれらの）	ces	

- 指示形容詞は人や物を指定するのに使われます.
  〈注意〉男性名詞が母音または無音の h で始まる場合は cet を使います.

5) 無冠詞のケース：être ＋職業

【例】Je suis médecin. / Je suis étudiant(e). / Je suis professeur.

6) 基数

- p.22 参照.

7) 主語人称代名詞
7)ᵇ 人称代名詞強勢形

主語人称代名詞	je	tu	il	elle	nous	vous	ils	elles
人称代名詞強勢形	moi	toi	lui	elle	nous	vous	eux	elles
	私	君	彼	彼女	私たち	あなた	彼ら	彼女ら

8) 直説法現在：状態，描写

- 直説法現在は現在話者がしていることを指します. 英文法の「現在進行形」
  も兼ねています.

  【例】Sophie parle français.
  > ソフィーはフランス語を話します. / ソフィーはフランス語を話しています.
  > 活用については 9) 参照.

8)ᵇ **être en train de ＋不定詞「～している最中だ」**

- 上記のように，直説法現在も「～している」の意味がありますが，「～している最中だ」を強調したい時には，être en train de ＋不定詞という言い回しが使えます.

  【例】Samantha est en train de téléphponer à son copain.
  　　　サマンタは彼氏に電話している最中です.

  　　Avec Emma, nous sommes en train de déjeuner dans un délicieux petit restaurant à la montagne.
  　　　今，エンマと一緒に，山にある小さなおいしいレストランでランチを食べてるところ.

9) **重要な -er 動詞**

- -er 動詞はフランス語の動詞の 90% 以上を占めるので非常に重要です.

直説法現在

	1 habiter *(to live)*	2 travailler *(to work)*	3 parler *(to speak)*
je / j'	habite	travaille	parle
tu	habites	travailles	parles
il / elle	habite	travaille	parle
nous	habitons	travaillons	parlons
vous	habitez	travaillez	parlez
ils / elles	habitent	travaillent	parlent

〈注意〉上記の規則的活用とほぼ同じですが，綴りが微妙に変わる動詞に注意してください.

　　　　　4 commencer *(to start)*　　　5 manger *(to eat)*
　　　　　nous commençons　　　　　　nous mangeons

- -er 動詞の次に多い -ir 動詞についても確認しておきましょう.
  動詞の -ir には 3 つのタイプがあります.
  1.《 ouvrir （開ける）》タイプ：語幹（変化しない部分）が 1 つで，-er 動詞と同じ語尾を持ちます. 同じタイプに couvrir （覆う）, offrir （贈る）, souffrir （苦しむ）などがあります.

　　　　1 ouvrir *(to open)*
　　　　　　　　　j'ouvre
　　　　tu　　　　ouvres
　　　　il / elle　ouvre
　　　　nous　　ouvrons
　　　　vous　　ouvrez
　　　　ils / elles ouvrent

2. 《 finir（終える）》タイプ：語幹は 1 つですが，-er 動詞とは語尾が違います．同じタイプに choisir（選ぶ），grandir（大きくなる），réfléchir（よく考える）などがあります．

　　2 finir *(to finish)*

　　　je　　　　　fin**is**
　　　tu　　　　　fin**is**
　　　il / elle　　fin**it**
　　　nous　　　　fin**issons**
　　　vous　　　　fin**issez**
　　　ils / elles　fin**issent**

3. 《 sortir（外出する）》タイプ：語幹が 2 つあります．同じタイプに dormir（眠る），partir（出発する），sentir（感じる）などがあります．

　　3 sortir *(to go out)*

　　　je　　　　　sor**s**　　　┐
　　　tu　　　　　sor**s**　　　├ 語幹 1 : sor-
　　　il / elle　　sor**t**　　　┘
　　　nous　　　　sort**ons**　┐
　　　vous　　　　sort**ez**　　├ 語幹 2 : sort-
　　　ils / elles　sort**ent**　┘

10) 否定 ne … pas

- 否定形の作り方 [ne ＋ 動詞 ＋ pas]（～でない）
  ただし，母音で始まる動詞の場合は，[n' ＋ 動詞 ＋ pas]

　【例】Je n'aime pas les carottes.　　　私はニンジンが嫌いです．

10)ᵇ 否定の表現 : ne … pas / ne … jamais / ne … rien / ne … personne

- 否定の表現は，ne … pas（～でない）の他に，ne … jamais（けっして～ない／一度も～ない），ne … rien（何も～ない），ne … personne（誰も～ない）をおさえておきましょう．

　【例】Il ne fume jamais.　　　彼はタバコを一度も吸ったことがありません．

　　　Je dors avec mon téléphone portable à côté du lit pour ne rien rater.
　　　私は何も見逃さないようにベッドの隣に携帯を置いて寝ています．

　　　Je ne connais personne.　　　私は誰も知りません．

10)ᶜ シンプルな疑問文：3 つの形

- 疑問形には 3 つの形があります.

  〈倒置〉 As-tu soif ?

  → この形式は，文章や（非常に）フォーマルな口頭表現で使われます.

  〈est-ce que〉 Est-ce que tu as soif ?

  → この形式は，口頭でも書面でも，また非公式でも正式な場面でも使われます.

  〈語尾を上げる〉 Tu as soif ?

  → この形式は，口頭で，または非公式な文書通信（友人への電子メール，SMS など）で使われます.

- 口頭表現（面接）では,質問の表現を変え,動詞・主語の倒置形,「est-ce que」形式,口語形式を織り交ぜる必要があります.

- « quel est », « quelle est », « quels sont », « quelles sont » という質問には一つの形式しかありません.

  【例】Quel est ton nom ?　　　　　君の名前は？

  　　　Quelle est votre adresse ?　あなたの住所を教えてください.

10)ᵈ 疑問形：est-ce que / qu'est-ce que

- 2 種類の質問のタイプがあります. ❶ Oui-Non で答える質問，❷ 答えがいくつも考えられる質問

  【例】❶ Est-ce que vous prenez le dessert ?　　　　　デザートを頼みますか？

  【例】❷ Qu'est-ce que vous prenez comme dessert ?　デザートは何にしますか？

11) 基本の疑問代名詞：qui（誰？）, que（何？）

- « qui » は「誰」を表す疑問代名詞です.

主語	直接補語	間接補語・状況補語	属詞
誰が	誰を	誰に（と）*etc.*	誰（で）
Qui ?	Qui ?	前置詞 + qui ?	Qui ?

  【例】Qui a mangé le chocolat ?　　　　誰がチョコレートを食べたのですか？

  　　　Qui cherchez-vous ?　　　　　　　あなたは誰を探しているのですか？

  　　　Avec qui allez-vous au cinéma ?　あなたは誰と映画館へ行くのですか？

  　　　Qui êtes-vous ?　　　　　　　　　あなたは誰ですか？

- « que » は「何」を表す疑問代名詞です.

主語	直接補語	間接補語・状況補語	属詞
何が	何を	何に（で） *etc.*	何（で）
Qu'est-ce qui ?	Que ?	前置詞 + quoi ?	Que ?

【例】 Qu'est-ce qui ne va pas ?　　　　何がうまくいかないのですか？

　　　Que cherchez-vous ?　　　　　　あなたは何を探しているのですか？

　　　De quoi parle-t-il ?　　　　　　彼は何について話しているのですか？

　　　Que voulez-vous devenir ?　　　あなたは何になりたいのですか？

12) 疑問形容詞

- 疑問形容詞は名詞を修飾して「どんな～」を表します.

　　【例】 Quelle heure est-il maintenant ?　　今何時ですか？

	男性	女性
単数	quel	quelle
複数	quels	quelles

12)[b] 基本の疑問副詞（où / quand / combien）

- 疑問副詞は,「場所」,「時」,「量」などをたずねる疑問詞です.

　　　où（どこに, どこで, どこへ）　　quand（いつ）　　combien（どのくらい）

　　【例】 Excusez-moi, Monsieur. Où sont les toilettes ? すみません. トイレはどこですか？

　　　　　Quand partez-vous en vacances ?　　　いつヴァカンスに出発しますか？

　　　　　Combien coûte cette salade ?　　　　　このサラダはいくらですか？

13) 提示の表現：c'est, voilà …

- c'est … （これは～です）voilà … （ここに～があります）は人や物を紹介したり, 指定したりするのに使われます.

　　【例】 Cette femme, **c'est** ma mère.　　　　この女性は, 私の母です.

　　　　　Les deux filles, **ce sont** mes élèves.　これらの二人の女の子は私の生徒です.

　　　　　Voilà mon frère Pierre.　　　　　　これが私の兄のピエールです.

- 原則的に C'est の後には単数名詞, Ce sont の後には複数名詞が置かれますが,

会話では C'est ＋複数名詞もよく使われます.

【例】C'est qui ?　　　　　　　誰ですか？

　　— C'est mes parents.　　私の両親です.

- C'est の後には強勢形も置けますが，voilà の後には置けません.

【例】À qui le tour suivant ?　次は誰の番ですか？

　　— C'est moi.　　　　　　私です. ← × Voilà moi.

14) よく使われる不規則動詞：être, avoir, faire

直説法現在

	être *(to be)*	avoir *(to have)*	faire *(to do, make)*
je / j'	suis	ai	fais
tu	es	as	fais
il / elle	est	a	fait
nous	sommes	avons	faisons
vous	êtes	avez	faites
ils / elles	sont	ont	font

☆ 動詞 être は，フランス語の動詞の中で唯一, nous の活用が -ons で終わらない動詞です.

☆ 動詞 être, faire, dire は vous の活用が -ez で終わらない動詞です.

14)b « de » を介した名詞の補語 ― 所属

- 「名詞の補語」は，名詞の意味を特定または修飾する単語または単語のグループです. 前置詞 de を介して，所属の意味になります.

【例】la guitare de Pierre ピエールのギター / la maison de mon oncle 私の伯父の家

14)c よく使われる不規則動詞：venir, aller, savoir, voir, prendre

直説法現在

	venir *(to come)*	aller *(to go)*	savoir *(to know)*	voir *(to see)*	prendre *(to take)*
je	viens	vais	sais	vois	prends
tu	viens	vas	sais	vois	prends
il / elle	vient	va	sait	voit	prend
nous	venons	allons	savons	voyons	prenons
vous	venez	allez	savez	voyez	prenez
ils / elles	viennent	vont	savent	voient	prennent

14)ᵈ Il faut / il ne faut pas ＋不定形

- 非人称構文の il faut ＋不定形（〜しなければならない），il ne faut pas ＋不定形（〜してはいけない）は頻出表現です．faut は動詞 falloir の 3 人称単数の活用です．

  【例】 Il faut prendre de l'essence. Est-ce qu'il y a une station-service sur le chemin de l'aéroport ?

  > ガソリンを入れなくちゃ．空港へ行くまでにガソリンスタンドはある？

  Il ne faut pas (jamais) remettre au lendemain ce qu'on peut faire le jour même.

  > その日にできることを（けっして）翌日に延ばしてはなりません．

15) 所有形容詞と所有代名詞

所有形容詞

	私の (my)	君の (your)	彼の / 彼女の / その (his / her / its)	私達の (our)	あなたの (あなた達の・ 君達の) (your)	彼らの (彼女達の・ それらの) (their)
男性	mon	ton	son	notre	votre	leur
女性	ma (mon)	ta (ton)	sa (son)	notre	votre	leur
複数	mes	tes	ses	nos	vos	leurs

- 女性名詞が母音または無音の h で始まる場合は，mon, ton, son を使います．

  【例】 une amie（女友達） → mon amie.   × ~~ma amie~~

- 所有形容詞は，体の部位を指定するためには使われません．

  【例】 J'ai mal à la tête.   × ~~ma tête~~

所有代名詞

	私のそれ (mine)	君のそれ (yours)	彼（彼女）のそれ (his / hers / its)
男性・単数	le mien	le tien	le sien
女性・単数	la mienne	la tienne	la sienne
男性・複数	les miens	les tiens	les siens
女性・複数	les miennes	les tiennes	les siennes

	私達のそれ (mine)	あなた(あなた達・君達)のそれ (yours)	彼ら(彼女達)のそれ (his / hers / its)
男性・単数	le nôtre	le vôtre	le leur
女性・単数	la nôtre	la vôtre	la leur
男性・複数 女性・複数	les nôtres	les vôtres	les leurs

16) 部分冠詞（du, de la …）

	単数	複数
男性	du	des
女性	de la	

- 部分冠詞は，数えられない量を指定するために使われます．

  【例】Je bois du café. / Je bois de la bière. / Je bois de l'eau.

16)ᵇ 基本の副詞（un peu / beaucoup）
16)ᶜ 量の表現（いくつかの副詞，冠詞）
16)ᵈ 決まった量（un peu de … / beaucoup de …）

- 副詞は，出来事や体験などについて感想を述べるのに使われます．副詞によって，文章の意味を明確にしたり，修正したりすることができます．副詞にはいくつかの種類があります．

  〈量の副詞〉 量の副詞は，ある要素の量や質について自分の考えを述べたり，2つの物を比べたりするのに使われます．trop, peu, assez, beaucoup, plus, moins, autant, tout, très などがあります．

  【例】J'ai beaucoup travaillé cette semaine, plus que la semaine dernière.
  今週はたくさん仕事をしました．先週よりも働きました．

  〈場所の副詞〉 話者を空間内に位置づけ，ある場所やある物の地理的状況を示します．例えば, devant, derrière, dehors, dessus, dessous, ici, là, avant などです．

  【例】Pouvez-vous prendre la deuxième rue à droite, avant la banque ?
  銀行の手前，2つ目の通りを右に曲がってもらえますか？

  〈時の副詞〉 話者の発言を時間の中に位置づけ，期間や頻度を表現するのに使われます．avant, après, hier, aujourd'hui, demain, ensuite, puis, longtemps, maintenant, parfois, souvent, jamais, tôt, tard などがあります．

【例】Avant, je préférais la ville à la campagne.

以前は，田舎より都会の方が好きでした．

Ah, c'est le restaurant italien très connu dans le Quartier latin. Je n'y suis jamais allée.

ああ，それはカルチエ・ラタンのすごく有名なイタリア料理レストランね．一度も行ったことがないわ．

〈様態の副詞〉 様態の副詞は，何かについての印象を述べたり，2つのものを比較したりするのに使われます．bien, mal, ainsi, mieux, pire, comme, comment, très, vite や lentement のような《 -ment 》で終わる全ての副詞などがあります．

【例】Le bleu te va mieux que le rouge.

あなたには赤より青の方が似合うわよ．

〈肯定・否定の副詞〉 話者の同意や不同意を表すのに使われます．Oui, non, peut-être, si, vraiment などがあります． → 40) 参照

副詞《 tout 》を除いて，副詞は常に不変化です．

17) 近未来：aller ＋不定詞「（今から）～するところだ」時間的に近い出来事／ある程度遠い未来

● 近未来形のつくり方

【動詞 aller の現在形＋動詞の不定形】

【例】Je vais aller à la banque cet après-midi.

私は今日の午後，銀行に行きます．（aller の活用は→ 14)ᶜ 参照）

● 近未来形の使い方

近未来形は，近い将来に起こるであろう行動を表現するために使われます．

【例】Je vais apporter une bouteille de vin ce soir.

今夜，ワインを1本持って行きます．

La semaine prochaine, on va voir un match de foot.

来週，私たちはサッカーの試合を見に行きます．

「近未来形」は実現しそうな計画について話すときにも使われます．

【例】L'année prochaine, nous allons voyager aux États-Unis.

私たちは来年アメリカを旅する予定です．

17)ᵇ 近過去：venir de ＋不定詞「〜したところだ」

- 近過去「〜したところだ」は次のような構造です.

【動詞 venir の現在形 ＋ de ＋ 動詞の不定形】

【例】Je viens juste de rentrer du travail.
ちょうど今仕事から帰ってきたところです.

◇「複合過去」と「近過去」の使い分け.

・「複合過去」は，一度きりの出来事を語るために使われます.

【例】J'ai vu Lina dans la rue.
通りでリナを見かけました.

・「複合過去」は，期間が明確な場合にも使われます.

【例】Je suis née en 1999.
私は1999年に生まれました.

J'ai travaillé à la bibliothèque pendant 2 heures. /
J'ai travaillé à la bibliothèque de 14h à 16h.
私は図書館で2時間勉強しました. ／
私は図書館で午後2時から午後4時まで勉強しました.

・「近過去」は，今話している時間の直前に起こった出来事や行動について語るために使われます. 主に会話で使用されます.

【例】Je viens de téléphoner à Hugo.
私はたった今ユゴーに電話したところです.

→ 次のような文章は誤りです. ~~Hier, je viens de téléphoner à Hugo.~~

18) よく使われる代名動詞：s'appeler（〜という名前だ），se lever（起きる），s'habiller（服を着る），se rencontrer（出会う）

直説法現在

je	m'appelle	me lève	m'habille	me rencontre
tu	t'appelles	te lèves	t'habilles	te rencontres
il / elle	s'appelle	se lève	s'habille	se rencontre
nous	nous appelons	nous levons	nous habillons	nous rencontrons
vous	vous appelez	vous levez	vous habillez	vous rencontrez
ils / elles	s'appellent	se lèvent	s'habillent	se rencontrent

18)ᵇ 代名動詞

- 再帰的代名動詞 (se lever, s'habiller …) は，主語が自分自身に対して行う動作を表します．

  【例】Je me lave les mains.　　　　　　私は自分の手を洗います．

- 相互的代名動詞 (se rencontrer, se regarder …) は，動作の各主体が行う動作と受け取る動作の両方を表現します．「お互いに〜する」という意味になります．

  【例】Ils se regardent l'un l'autre.　　　　彼らはお互いに見つめ合います．

19) 直接目的補語 COD と間接目的補語 COI（間接（他）動詞）（ex : parler / téléphoner / demander … à 人）

- 人称代名詞 COD と COI
  COD（complément d'objet direct 直接目的語補語）代名詞, COI（complément d'objet indirect 間接目的語補語）代名詞は，文の一部を置き換え，繰り返しを避けるために使われます．

	直接目的語	間接目的語
1 人称単数	me (m')	
2 人称単数	te (t')	
3 人称単数	le / la	lui
1 人称複数	nous	
2 人称複数	vous	
3 人称複数	les	leur

【例】Il me téléphone tous les matins.　　　彼は毎朝私に電話をかけてきます．

　　　Je vous invite à mon anniversaire.　　私の誕生日会にあなたをご招待します．

- COD 代名詞
  COD は前置詞なしで動詞とつながります．目的語，すなわち動詞の後の要素は，物や人を指します．

【例】Je vois le bus.　→ Je le vois.（男性単数）
　　　バスが見えます．／それが見えます．

　　　Je salue Marie.　→ Je la salue.（女性単数）
　　　マリーに挨拶します．／彼女に挨拶します．

Je mange le gâteau et la pomme. Je les mange. （複数）
　　ケーキとリンゴを食べます．／それらを食べます．
　〈注意〉saluer（〜に挨拶する）は日本語では「〜に」となりますが，フランス語では
　　直接目的語をとります．同じタイプの動詞に voir（（人）に会う）があります．
代名詞は動詞の前に置かれます．
【例】Je le vois souvent le lundi matin.　私は月曜日の朝，よく彼に会います．
否定では，ne と動詞の間に置かれます．
【例】Tu ne l'aimes pas beaucoup.　　　あなたは彼女があまり好きではないのですね．
● COI 代名詞
　COI 代名詞は，動詞の後に前置詞が続きます．
　【例】Je parle à Maxime.　　　　　→ Je lui parle. （単数）
　　　　私はマクシムに話しています．／私は彼に話しています．
　　　Tu téléphones à Adèle.　　　→ Tu lui téléphones. （単数）
　　　　君はアデールに電話をかけています．／君は彼女に電話をかけています．
　　　Vous écrivez à vos parents.　→ Vous leur écrivez. （複数）
　　　　あなたは両親に手紙を書きます．／あなたは彼らに手紙を書きます．

20) 指示代名詞

● 指示代名詞には ce と celui があります．cela の口語表現 ça は日常生活でよく使
　われます．
● 指示代名詞 celui は前出の名詞に応じて変化します．

指示代名詞 ce

	これ	それ
無強勢形	ce (c')	
強勢形	ceci	cela (ça)

指示代名詞 celui

	男性	女性
単数	celui	celle
複数	ceux	celles

21) 動詞＋不定形

- 様態を表す動詞 vouloir（〜を欲する），pouvoir（〜できる），devoir（〜しなければならない）は，3 つの語幹を持ち，後ろに置かれる動詞は常に不定形です．

直説法現在

	vouloir *(to want)*	pouvoir *(to be able)*	devoir *(to have to)*
je	veux	peux	dois
tu	veux	peux	dois
il / elle	veut	peut	doit
nous	voulons	pouvons	devons
vous	voulez	pouvez	devez
ils / elles	veulent	peuvent	doivent

22) 肯定命令：いくつかの -er 動詞

- 命令法は，動詞の直説法現在形（tu, nous, vous）から主語を省いた形です．

不定法	直説法現在	命令法
	tu chantes	Chante.（歌いなさい．）
chanter（歌う）	nous chantons	Chantons.（歌いましょう．）
	vous chantez	Chantez.（歌ってください．）

- tu の命令法に語末の s がないことに注意しましょう．

22)ᵇ 肯定命令と否定命令：指示，指令

- 否定命令は，命令法の動詞を ne ... pas ではさんでつくります．動詞が母音で始まる場合はエリジオンします（Ne → N'）．

【例】 Ne parle pas !　　　　話さないで！

N'oublie pas ton sac !　　かばんを忘れないで！

22)ᶜ 肯定命令：動詞 venir, aller　指示

- 頻出の動詞 venir と aller の命令法は頻出です．

【例】 Venez avec moi.

一緒に来てください．

Allez tout droit, puis tournez à droite au fond du couloir.

まっすぐ行ってください．それから，廊下の突き当たりを右に曲がってください．

23) 談話（発話）をつなぐ基本語 et, ou, alors

- « et », « ou », « alors » は，いくつかの文章を論理的につなぐ基本語です．« et » の主な機能は「並列・添加」で，最も頻度の高い接続詞です．文章だけでなく単語(名詞，代名詞，形容詞，動詞，副詞)も「並列・添加」の意味でつなぐことができます．« ou » の主な機能は「2つ以上の要素からの選択」です．« et » と同様，文章から単語レベルまでつなぐことができます．« ou » は命令文の後では「さもないと」の意味になります．副詞 « alors » は接続詞的に「それゆえ，だから」の意味で使われます．

【例】Merci de venir chercher votre voiture, et nous retourner la voiture que nous vous avons prêtée.
　　お車のお引き取りと，お貸ししている車のご返却をお願いします．

Elle passe son temps à regarder des films ou à écouter de la musique.
　　彼女は映画を観たり，音楽を聴いたりして余暇を過ごします．

Dépêche-toi, ou tu seras en retard.
　　急ぎなさい．さもないと，遅刻するよ．

La facture d'électricité devient alors astronomique.
　　そしていつも天文学的に高い電気代という結果になる．

23)ᵇ シンプルな論理をつなぐ言葉 mais / parce que

- 論理の接続詞や関係の標識(2つの文，または文中の2要素の間の関係を示す言葉)によって，発話の各段階を示すことができます．

〈列挙〉：d'abord, après, ensuite, enfin

【例】D'abord, je suis rentrée chez moi. Après, j'ai pris une douche. Ensuite, j'ai dîné. Enfin, je me suis couchée.
　　まず，帰宅しました．それから，シャワーを浴びました．その後，夕食をとりました．そして，ようやくベッドに入りました．

〈対立〉：mais

【例】J'accepte votre invitation, mais j'arriverai chez vous à 21h.
　　お誘いをお受けしますが，(少し遅れて)午後9時にお宅に伺います．

〈理由〉：parce que, car

【例】J'utilise le portable, car je dois communiquer avec mes amis.
　　私は友達と連絡を取り合う必要があるので携帯を使っています．

〈付加〉：et, alors

【例】Appelle-moi ! Alors nous pourrons organiser la fête.
　　私に電話してください．そうすれば，一緒にパーティーの準備ができます．

24) （国籍の）形容詞の一致

- 一般に，国籍の形容詞を女性形にする場合は，男性形の形容詞に -e をつけます．男性名詞が -ien, -éen で終わる形容詞の場合，女性名詞は n が重なります．男性名詞が -e で終わる形容詞は，男女同形です．

	男性形	女性形	
-ais	français	française	フランス人の
	japonais	japonaise	日本人の
	anglais	anglaise	イギリス人の
-ois	chinois	chinoise	中国人の
-ain	mexicain	mexicaine	メキシコ人の
他の子音	allemand	allemande	ドイツ人の
-ien	italien	italienne	イタリア人の
-éen	coréen	coréenne	韓国人の，朝鮮人の
-e	belge	belge	ベルギー人の
	suisse	suisse	スイス人の
	russe	russe	ロシア人の
例外	grec	grecque	ギリシア人の
	turc	turque	トルコ人の

24)ᵇ 形容詞の位置 un petit chien, une grande ville, de jolies fleurs

- ほとんどの付加形容詞（名詞を直接修飾する形容詞）は，普通，修飾する名詞の後ろに置かれます．ただし，日常よく使われ，比較的短い綴りの形容詞は，名詞の前に置かれます．

〈名詞の前に置かれる主な形容詞〉

petit（小さい）　　grand（大きい）　　bon（良い）　　mauvais（悪い）
jeune（若い）　　vieux（年をとった）　beau（美しい）

　　ただし，上記の形容詞も，その前に長い副詞がある場合は，名詞の後ろに置かれます．

【例】une très belle femme　　　　　とても美しい女の人

　　→ une femme particulièrement belle　特に美しい女の人

- 付加形容詞の複数形が名詞の前に置かれる場合，不定冠詞 des は de に変わります．

【例】des fleurs → de jolies fleurs　きれいな花（複数）

- 形容詞 "beau", "vieux", "nouveau" は，母音で始まる男性名詞の前では，"bel",

"vieil", "nouvel" となります.

【例】un beau garçon   → un bel immeuble

     un vieux chien   → un vieil homme

     un nouveau logement   → un nouvel appartement

- 形容詞の中には, 名詞の前にも後ろにも置くことができるものがあり, 位置によって意味が変わります.

【例】cher : cher ami（親愛なる友）/ un livre cher（高価な本）

     dernier : la dernière semaine（月の最終週）/ la semaine dernière（先週）

     grand : un grand homme（偉大な男の人）/ un homme grand（背が高い男の人）

     propre : ma propre chambre（私自身の部屋）/

                                        ma chambre propre（私の清潔な部屋）

25) 基本的な形容詞

- p.48 参照.

26) 時期の表現：前置詞＋年・月・日・季節

- en 2023　2023 年に / dans les années 90　90 年代に
Il est né le 28 juin 1969.　彼は 1969 年 6 月 28 日に生まれました.

- en juillet　7 月に / au mois d'août　8 月に

- au 4 mai　5 月 4 日に

- au printemps　春に / en été　夏に / en automne　秋に / en hiver　冬に

27) 時間の位置づけ：重要な副詞（aujourd'hui, maintenant, demain …）（出来事を時間の中で位置づける）

【例】Tout d'abord, pouvez-vous me rappeler le plus vite possible aujourd'hui pour trouver ensemble une solution ?
    まずは, 一緒に解決策を探すために, 今日のうちになるべく早く電話をかけてもらえませんか?

【例】Je vais maintenant vous amener dans une rue historique du 18e siècle.
    これから皆さんを 18 世紀の歴史的な街路にお連れします.

【例】Pouvez-vous nous rappeler demain ? Le numéro de téléphone est le 06 48 34 43 54.
    明日, 折り返し電話をいただけますか. 電話番号は 06 48 34 43 54 です.

28) 空間の位置づけ：en / au ＋ pays；à ＋ ville

- 「（国名）で／に」を表したい場合，国名の前に « en », « au », « aux » を置きます．国名が女性名詞の場合 « en »，男性名詞で子音で始まる場合は « au »，男性名詞で母音で始まる場合は « en »，複数形の場合は « aux » を使います．

  【例】en France ／ au Japon ／ en Irak ／ aux Pays-Bas オランダで（に）

- 都市名の前には « à » を置きます．

  【例】à Paris ／ à Tokyo

- il y a ～「～があります」は頻出表現です．

  【例】Il y a une poste près d'ici.
  　　近くに郵便局があります．

  　Est-ce qu'il y a une station-service sur le chemin de l'aéroport ?
  　空港へ行くまでにガソリンスタンドはある？

28)ᵇ 空間の位置づけ

- 「venir de（国名）」：原則として，国名が男性名詞の場合，「venir du 国名」，女性名詞の場合，「venir de（無冠詞）国名」，複数名詞の場合「venir des 国名」となります．

  【例】Je viens du Maroc.　　　　私はモロッコから来ました．

  　　Je viens de Chine.　　　　私は中国から来ました．

  　　Je viens des États-Unis.　　私はアメリカから来ました．

- 「aller à（国名）」：原則として，国名が男性名詞の場合，「aller au 国名」，女性名詞あるいは母音で始まる男性名詞の場合，「aller en 国名」，複数名詞の場合「aller aux 国名」となります．

  【例】Je vais au Canada.　　　　私はカナダへ行きます．

  　　Je vais en France.　　　　私はフランスへ行きます．

  　　Je vais en Iraq.　　　　　私はイラクへ行きます．

  　　Je vaix aux Pays-Bas.　　私はオランダへ行きます．

29) 非人称の il：天気予報の « il »

- p.22 参照.

30) 動詞 comprendre（je / vous）

- 口頭表現のために，動詞 comprendre（理解する）の je / vous の活用はおさえて おきましょう.

    je comprends　vous comprenez　compris（過去分詞）

    【例】Si je comprends bien, vous me dites que …
    　　　私の理解が正しければ，あなたは…とおっしゃるわけですね.

    　　　J'ai compris que … Est-ce bien cela ?
    　　　私は…だと理解しました. これでよろしいですか?

31) 複合過去形（過去分詞）：過去における出来事

- A2 レベルでは，複合過去で過去の単発の出来事を，近過去で直近の出来事を説 明できなくてはなりません.

- 複合過去のつくり方

    【主語＋ avoir または être ＋過去分詞 (participe passé)】

    直説法現在

    　　　donner の複合過去形（与えた）

J'ai	donné	nous avons	donné
tu as	donné	vous avez	donné
il a	donné	ils ont	donné

    【例】**J'ai vu** ma mère hier.　　　昨日，母に会いました.

    　　　Je suis sorti avec mes amis.　　友達と出かけました.

◇〈複合過去形 être〉

　　複合過去形のほとんどは，avoir を用い，être で活用する動詞は以下の 15 個の動詞と，その派生動詞です.

aller	↔ venir	rentrer
arriver	↔ partir	passer
naître	↔ mourir	rester
monter	↔ descendre	tomber
entrer	↔ sortir	retourner

- これらの動詞の派生動詞（retourner を除く）も être で活用します.

    【例】Je suis devenu ← Je suis venu → Je suis revenu

- 代名動詞（se laver, s'appeler など）も être で活用します.

  【例】 **Je me suis amusé** à l'anniversaire de Paul.
  ポールの誕生日パーティーは楽しかったです.

- être で複合過去形をつくる場合，過去分詞は性数を一致させます.

  【例】女性形： Elle est all**ée** à Nantes.
  彼女はナントへ行きました.

  複数形： Ils sont all**és** à Nantes. / Elles sont all**ées** à Nantes.
  彼らはナントへ行きました. ／彼女たちはナントへ行きました.

◇〈複合過去形 avoir〉

- 上記の動詞以外は全て avoir で活用します.

  【例】 Ce matin, **j'ai fait** mes courses.
  今朝，私は買い物をしました.

- avoir で活用する動詞の場合, 過去分詞の性数を一致させる必要はありません.

  【例】 Il / Elle a adoré ce film.　　　彼 (彼女) はその映画を愛していました.

  Ils / Elles ont adoré ce film.　　彼ら (彼女ら) はその映画を愛していました.

31)ᵇ 過去分詞

- 一般に，過去分詞は次のようにつくります.

  er 動詞　　　　　　　→ -é (man**ger** : j'ai man**gé**)
  ir 動詞　　　　　　　→ -i (fi**nir** : j'ai fi**ni**)
  re または oir で終わる動詞 → -u (dispara**ître** : il a dispa**ru** / **voir** : Nous avons **vu**)

  もちろん上記の規則に当てはまらない動詞もあります. 下記は，よく使われる動詞の中で，過去分詞が不規則の形をもつ代表的なものです.

  avoir : eu　　　　faire : fait　　　naître : né
  être : été　　　devoir : dû　　　vivre : vécu

32) 条件法現在：丁寧な表現 « je voudrais … »

- 条件法現在は，独立節で，語調を緩和する機能があります. この「丁寧さの条件法」が使われる主な動詞は，avoir, être, vouloir, pouvoir, souhaiter などです. なかでも，動詞 vouloir の条件法現在 を用いた「je voudrais ＋不定形」は丁寧な依頼の表現で, 例えば買い物をする際によく使われます. 口頭表現のパート（特

にロールプレイング）で必要になるでしょう.

【例】Bonjour Madame, je voudrais cinq timbres pour le Japon.
すみません. 日本までの切手を 5 枚欲しいんですが.

Je voudrais aussi un fer à repasser.
アイロンも欲しいんですが.

Bonjour. Je voudrais un grand bouquet de fleurs, s'il vous plaît.
こんにちは. 大きな花束が欲しいんですが.

32)ᵇ 条件法現在：丁寧な表現，提案（on pourrait ＋不定形）

- 動詞 vouloir と同様，動詞 pouvoir も「丁寧さの条件法」のニュアンスで使われることがあります. on pourrait ＋不定形は丁寧に提案をする際に使われます.

【例】On pourrait se rencontrer pour discuter du projet de vive voix.
直接お会いしてその計画について打ち合わせをしたいのですが.

Pourrait-on se voir la semaine prochaine ?
来週お会いできますか？

33) シンプルな関係代名詞（qui, que）

- 関係代名詞の « qui » と « que » は，2 つの文をつなぎ，単語や単語のまとまりの繰り返しを避けるために使われます.

- 代名詞 « qui »

« qui » は主語を指す関係代名詞で，人，動物，物に置き換わります.

【例】— Tu vois l'homme **qui** est assis sur le banc ?
— ベンチに座っている男の人が見える？

— C'est M. Richard, mon directeur.
— あれが部長のリシャールさんだよ.

上記の例文では，« qui » が，動詞 « être (assis) » の主語 « l'homme » に置き換わっています.

- 代名詞 « que »

« que » は補語 (COD) に換わる関係代名詞です. 人, 動物, 物に置き換わります.

【例】L'homme que tu as vu n'est pas ton directeur.
あなたが会った人は, あなたの部長ではありません.
＝あなたは人に会いました. その人はあなたの部長ではありません.

→ « que » が動詞 « voir » の COD である « l'homme » に置き換わっています.

34) 単純未来：予測，将来の計画

- A2 レベルでは，近未来や単純未来時制を使って，例えば自分の計画について話すことができなくてはなりません.

単純未来形のつくり方
【動詞の不定形＋未来形の語尾】

Manger		-ai
Finir	+	-as
Attendre		-a
		-ons
		-ez
		-ont

	travailler *(to work)*	finir *(to finish)*
je	travaillerai	finirai
tu	travailleras	finiras
il / elle	travaillera	finira
nous	travaillerons	finirons
vous	travaillerez	finirez
ils / elles	travailleront	finiront

　もちろん，例外はあります（例えば courir → courrai 等です）. 他にも

- « -yer » で終わる動詞：« y » が « i » になります.

　【例】　　nettoyer（掃除をする）→ je **nettoierai**

　【例外】　envoyer（送る）　　　→ j'**enverrai**

- « -eler » や et « -eter » で終わる動詞は，最後の子音 « l » や « t » が重なります.

　【例】　　jeter（投げる）　　　→ je **jetterai**.

　【例外】　acheter（買う）　　　→ j'**achèterai**.

　下記は，未来時制が不規則の形をもつ代表的な動詞です.

avoir : j'**aur**ai	être : je **ser**ai	faire : je **fer**ai
devoir : je **devr**ai	pouvoir : je **pourr**ai	vouloir : **je voudr**ai
aller : j'**ir**ai		

〈それぞれの時制の使い分け〉

- 「近未来」が表すのは，
　→〈近い将来起こるであろう行動〉

【例】Je vais prendre mon train dans une demi-heure.
　　　あと 30 分で電車に乗ります．

　　　Le ciel commence à se couvrir. Il va pleuvoir.
　　　空が曇ってきた．雨が降りそうだ．

→ 〈実現しそうな計画〉

【例】C'est décidé ! Je vais faire du yoga.
　　　よし，決めた．ヨガを始めよう．

- 「単純未来」が表すのは，

→ 〈将来の行動，計画，予測〉

【例】Je rendrai visite à Joseph le mois prochain.
　　　来月，ジョゼフを訪ねに行きます．

　　　Nous irons en Corée du Sud l'été prochain.
　　　来年の夏に，私たちは韓国へ行きます．

→ 〈従うべき命令・規則〉

【例】Quand vous arriverez, vous me téléphonerez.
　　　到着したら電話してください．

→ 〈条件付きの行動〉

【例】Si tu finis tôt, on pourra aller boire une bière ensemble.
　　　早く終わったら，一緒にビールを飲みに行こうよ．

35) 半過去形：過去における描写（il était / il y avait / il faisait …)

- 半過去形は直説法現在の一人称複数（= nous）の語幹がベースになります．

Nous dansons.

　その後ろに半過去の語尾を加えます．

Je	dans**ais**	Nous	dans**ions**
Tu	dans**ais**	Vous	dans**iez**
Il / elle	dans**ait**	Ils / elles	dans**aient**

　一つの例外は動詞 être のケースです．語幹が ét- となりますが，語尾は上記と同じです．

	J'**étais**	Nous	**étions**
Tu	**étais**	Vous	**étiez**
Il/elle	**était**	Ils / elles	**étaient**

	travailler *(to work)*	finir *(to finish)*	être *(to be)*	avoir *(to have)*	faire *(to do, make)*
je / j'	travaillais	finissais	étais	avais	faisais
tu	travaillais	finissais	étais	avais	faisais
il / elle	travaillait	finissait	était	avait	faisait
nous	travaillions	finissions	étions	avions	faisions
vous	travailliez	finissiez	étiez	aviez	faisiez
ils / elles	travaillaient	finissaient	étaient	avaient	faisaient

〈それぞれの時制の使い分け〉

- 「複合過去」は，一度きりの出来事を語るために使われます．

  【例】J'ai vu Lina dans la rue.
  > 通りでリナを見かけました．

- 「複合過去」は，期間が明確な場合に使われます．

  【例】Je suis née en 1999.
  > 私は 1999 年に生まれました．

  J'ai travaillé à la bibliothèque pendant 2 heures. / J'ai travaillé à la bibliothèque de 14h à 16h.
  > 私は図書館で 2 時間勉強しました．／私は図書館で午後 2 時から午後 4 時まで勉強しました．

- 「半過去」は過去の習慣を表します．

  【例】Tous les matins, je mangeais un croissant.
  > 毎朝，私はクロワッサンを食べていました．

- 「半過去」は描写にも使われます．

  【例】Olivia était gentille.
  > オリヴィアは親切でした．

  Quand j'étais petite fille, nous habitions dans la banlieue de Paris.
  > 私が幼い頃，私たちはパリの郊外に住んでいました．

- 過去における話では，両方の時制を使うことができます．

  【例】Quand j'ai vu Lina dans la rue, il pleuvait.
  > 通りでリナを見かけたとき（＝一回限りの出来事），雨が降っていました（＝描写）．

35)ᵇ Si ＋半過去：提案

- Si ＋直説法半過去は，主節を省略した形で，「提案」や「願い」を表現することができます．

【例】 Si on jouait au tennis ?

テニスをしようか.

Nicolas a une nouvelle voiture. Si j'avais une nouvelle voiture aussi !

ニコラは新しい車を買った. 僕も新しい車があればなあ!

36) 中性代名詞 en（部分を示す）― 量

- 代名詞 « en » は数量にかかわる文脈で使われます（COD 代名詞）.
- 代名詞 « en » は部分冠詞 du, de la, de l' に続く名詞に置き換わります.

  【例】 — Voulez-vous du thé ?　　　— お茶はいかがですか？

  　　　 — Oui, j'en veux bien.　　　— はい.（それを）お願いします.

- 不定冠詞 un, une, des に続く名詞に置き換わります.

  【例】 — Est-ce que vous avez un ordinateur portable ?

  　　　 — あなたはノートパソコンを持っていますか？

  　　　 — Oui, j'en ai un.　　　　— はい.（1台）持っています.

- 数量を表す表現（beaucoup de, plusieurs, aucun, assez de, une boîte de ...）に続く名詞に置き換わります.

  【例】 — Est-ce que tu as lu beaucoup de romans de Saint-Exupéry ?

  　　　 — サン＝テグジュペリの小説をたくさん読みましたか？

  　　　 — Oui, j'en ai lu plusieurs / quelques-uns / trois ...

  　　　 — はい.　いくつか／いくつか／3冊読みました.

- « avoir envie de ... », « avoir besoin de ... », « parler de » などの表現の前置詞に続く名詞に置き換わります.

  【例】 — Tu as envie de chocolat ?　　— チョコレートが食べたい？

  　　　 — Oui, j'en ai envie ! (→ avoir envie de chocolat)　　— うん, 食べたい!

- 前置詞 de で導入される場所の補語に置き換わります.

  【例】 Le patient est entré dans la salle d'examen à 13 heures et il en est sorti à 14 heures.

  　　　 患者は午後1時に診察室に入り, 午後2時に退出しました.

36)ᵇ 中性代名詞 y ― 場所

- 代名詞 « y » は前置詞 à に続く名詞に置き換わります. 前置詞 à をとる動詞と共に使われます.

  【例】 — Allez-vous assister à la réunion de demain ?

  　　　 — 明日のミーティングに参加されますか？

— Oui，bien sûr, je vais y assister.
　　— はい，もちろんそうします．

- à, dans, en, sur, sous などで導入される場所の補語に置き換わります．

　【例】— Depuis quand êtes-vous à Londres ?
　　　　— ロンドンにはいつからいらしているんですか？

　　　— J'y suis depuis le mois d'août.
　　　　— 8 月からです．

　　　— Depuis quand étudiez-vous dans cette université ?
　　　　— この大学に入学して何年になりますか？

　　　— J'y étudie depuis 2 ans.
　　　　— 2 年になります．

- y aller は日常会話でよく使われる言い回しで，「そこに行く」だけでなく，「出発する」「始める」などの意味になります．ちなみに aller の命令形は va ですが，「-y」が続く場合のみ vas となります．

　【例】Le taxi est arrivé, on y va ?　　タクシーが来た．さあ出発しようか？

　　　Vas-y, on va en cours.　　　　さあ，学校へ行こう．

37) 感嘆文（Quel ... !）

- 感嘆文は，疑問形容詞 12) の Que，Comme などを文頭に置いて作ります．疑問形容詞はかかる名詞によって形が変わります．

　【例】Quel beau château !　　　　　なんて美しいお城なんでしょう．
　　　Quelle horreur !　　　　　　　なんて恐ろしい．
　　　Quels gentils enfants !　　　　なんて親切な子供たちなんでしょう．
　　　Quelles belles danseuses !　　なんて美しいダンサーたちだ．
　　　Que c'est beau !　　　　　　　なんてきれいなんだろう．
　　　Comme tu es belle !　　　　　君はなんて美しいんだ．

38) 不定形容詞（tout / toute / tous / toutes）

- 不定形容詞 tout（全ての〜）は，修飾する名詞の性数によって形が変わります．

男性単数	女性単数	男性複数	女性複数
tout	toute	tous	toutes

tout le monde　　すべての人々，皆
toute la journée　1 日中

【例】Tous les élèves ont un devoir à rédiger.
生徒全員に筆記の課題があります.

Le bus circule toutes les 20mn. Descendre à l'arrêt Cartoucherie.
路線バスは 20 分ごとに循環しています. 停留所《Cartoucherie》で降りてください.

39) « on » の 3 つの意味

- « on » には 3 つの意味があります.「私たち」(=nous),「一般人／不特定多数の人」, ならびに, 受け身で「誰か」(=quelqu'un) の 3 つです. 複数の意味でも, 3 人称単数で活用します.

  【例】On part en vacances. 　　　　　　　　私たちはヴァカンスに出発します.

  On a raconté notre histoire. 　　　　　　私たちは自分たちの話を語りました.

  Au Japon, on mange avec des baguettes. 　日本では箸で食事をします.

  On ne peut pas comparer Londres et Paris.
  　　　　　　　　　　　　　　　　　ロンドンとパリを比較することはできません.

  On m'a volé mon portable. 　　　　　　　誰かが私のケータイを盗みました.

40) 否定疑問文への返事 si / non, moi aussi / moi non plus …

- 肯定疑問文には Oui, ＋肯定文(はい, 〜です), Non, ＋否定文(いいえ, 〜ではありません)と答えますが, 否定疑問文(〜ないのですか)には Si, ＋肯定文(いいえ, 〜です), Non, ＋否定文(はい, 〜ではありません)と答えます.

  【例】N'est-elle pas gentille ? 　　　　　— Si, elle est gentille.
  　彼女は親切ではないのですか. 　　　　　　— いいえ, 親切です.

  　　　　　　　　　　　　　　　　　— Non, elle n'est pas gentille.
  　　　　　　　　　　　　　　　　　　— はい, 親切ではありません.

- 「私もそうです」と答える場合も, 質問の文章が肯定文か否定文かによって, 答え方が異なります. 肯定文に, 相手に肯定的に同意する場合は « Moi aussi », 否定文に否定的に同意する場合は « Moi non plus » を使います.

  【例】Je vais prendre un café. 　　　　　— Moi aussi.
  　僕はコーヒーにするよ. 　　　　　　　　— 僕も.

  　Je déteste le mensonge. 　　　　　　— Moi aussi.
  　僕は嘘が大嫌いだ. 　　　　　　　　　— 僕もだ.

  　Je n'ai pas encore faim. 　　　　　　— Moi, non plus.
  　まだお腹が空いてないよ. 　　　　　　　— 僕もだ.

Je n'aime pas le mensonge.　　— Moi non plus.
僕は嘘が好きじゃない.　　　　　　—僕もだ.

41) 序数

- 基数（« nombres cardinaux », un, deux, trois …）は，量を表すのに使われます. 序数（« nombres ordinaux », 1er, 2e, 3e … premier, deuxième, troisième …）は，位置やランクを表すのに使われます. 基本的に，序数は基数に接尾辞 -ième を加えてつくります. ただし，4 番目は quatre の e が脱落し，5 番目は cinq の後に u が追加され，9 番目は neuf が neuv となるなど例外があるので注意してください.

premier / première（1 番目の）　　deuxième（2 番目の）　　troisième（3 番目の）
quatrième（4 番目の）　　　　　　cinquième（5 番目の）　　sixième（6 番目の）
septième（7 番目の）　　　　　　huitième（8 番目の）　　neuvième（9 番目の）
dixième（10 番目の）

【例】Tournez dans la première rue à gauche.
　　　最初の通りを左に曲がってください.

　　Pour aller au deuxième étage, c'est dans quelle direction ?
　　　3 階へは，どこから行けますか？

　　Bien sûr Monsieur, au cinquième étage, avec une belle vue sur la Tour Eiffel ?
　　　エッフェル塔がよく見える 6 階のお部屋はいかがですか.

- 1 番目は基数の un に対応する premier と une に対応する première があります. 日付を表すのに，1 日のみ序数（premier），その他は基数が使われます.
【例】01/10/2023 → Le premier octobre 2023
　　　03/08/2023 → Le trois août 2023

42) 決まった量（un kilo de / une bouteille de …）

un kilo de pommes（リンゴ 1 キログラム）
un litre d'huile（油 1 リットル）
une bouteille de vin（ワイン 1 瓶）
un paquet de bonbons（キャンディー 1 箱）
un morceau de fromage（チーズ 1 切れ）
une tranche de jambon（ハム 1 切れ）

【例】Bonjour. Donnez-moi un kilo de tomates, s'il vous plaît.
　　　こんにちは. トマトを 1 キロください.

43) 比較：名詞／形容詞の比較級

43)ᵇ 量：比較（moins de … que / autant de … que）

- **【名詞の比較】** 名詞を比較する場合，3 つの比較級があります．優等比較級「plus de ＋名詞＋ que」，劣等比較級「moins de ＋名詞＋ que」，同等比較級「autant de ＋名詞＋ que」です．母音の前で « que » は « qu' » になります．

  【例】Rose a plus de patience que Louise.
      ローズはルイーズより忍耐力があります．→辛抱強いです．

      Rose a moins de patience que Louise.
      ローズはルイーズほど忍耐力がありません．

      Rose a autant de patience que Louise.
      ローズとルイーズは同じぐらい辛抱強いです．

- **【形容詞の比較】** 形容詞を比較する場合も 3 つの比較級があります．優等比較級「plus ＋形容詞＋ que」，劣等比較級「moins ＋形容詞＋ que」，同等比較級「aussi ＋形容詞＋ que」です．形容詞は主語と性・数を一致させます．母音の前で « que » は « qu' » になります．

  【例】Alice est plus grande que Léa.
      アリスはレアより背が高いです．

      Alice est moins grande que Léa.
      アリスはレアより背が低いです．

      Alice est aussi grande que Léa.
      アリスはレアと背が同じぐらいです．

- **【特殊な比較級】** 形容詞 bon と副詞 bien の比較級は不規則な形です．

  ~~plus bon~~ → meilleur

  【例】Le chocolat noir est meilleur que le chocolat au lait.
      ダークチョコレートはミルクチョコレートよりもおいしいです．

      Cette pomme-ci est meilleure que celle-là.
      このリンゴはあのリンゴよりおいしいです．

  bien → mieux

  【例】Gabriel travaille mieux qu'Arthur.
      ガブリエルはアルテュールよりもよく勉強します．

44) 強度の副詞（très, trop …）

- 強度（強弱）は副詞で表現します．日常会話で最も頻繁に使われる強度の副詞は « très » です．改まった文章では fort も使われます．強度の副詞には，他に

autant, peu, tant, si, beaucoup, bien, assez, presque, tellement などがあります.

【例】Mon mari roule très vite.
　　　夫はとても速く運転します.

　　　L'Université de Sorbonne est très loin d'ici.
　　　ソルボンヌ大学はここからすごく遠いよ.

　　　Il fait très chaud aujourd'hui. On peut louer un parasol ?
　　　今日はとても暑いわ. パラソルをレンタルできないかしら?

　　　Ce produit est très performant.
　　　この製品は性能がとても良いです.

　　　Cette pièce de théâtre est fort rare.
　　　この演劇作品は非常に珍しいです.

- « trop » は,否定的な意味で使われる副詞で,基本的に「過剰」や「限界を超えていること」を示します. ある人にとって不快なことや,否定的なことを示し,« très » 以上の強さです. 名詞,動詞,形容詞,副詞などを修飾することができます.

【例】J'ai trop de travail cette semaine !
　　　今週は仕事が多すぎる!

　　　Tu as trop mangé, tu vas avoir mal au ventre.
　　　食べ過ぎるとお腹が痛くなりますよ.

　　　J'ai acheté une jupe ici hier, mais elle est un peu trop grande pour moi.
　　　昨日ここでスカートを買ったんですけど,丈が長すぎたんです.

　　　Tu conduis trop vite.
　　　君はスピードを出しすぎる.

- 口語では肯定的な発言を強めるために使われることもあります.

【例】Ah, merci beaucoup ! Il ne fallait pas, c'est trop gentil !
　　　えー,ありがとう! (プレゼントしてくれなくも)良かったのに…,ありがとう[すごく親切ね]!

　　　Ce petit chat est trop mignon !
　　　この子猫,すごくかわいい!

45) 名詞の補語（à または de を介して）：用途,内容物

- 容器の名詞補語は,容器の用途を指す場合は « à »,内容物を指す場合は « de » で表現します.

【例】［用途］　un verre à vin（ワイングラス），une tasse à thé（ティーカップ），
　　　　　　un plateau à fromages（チーズボード）
　　　［内容物］un verre de vin（ワインが入ったグラス，グラスワイン），
　　　　　　une tasse de thé（紅茶が入ったカップ）

45) ^{b} 名詞の補語（en または de を介して）：材質

- 材料，材質は en または de を介して表現します．« de » は « en » よりもやや文学的です．

【例】une table en bois（木のテーブル）
　　　une robe en soie（絹のドレス）
　　　un sac en papier（紙袋）

フランスの紙幣と硬貨

20 centimes

50 centimes

1 euro

2 euros

【参考文献】

- Aude Chauvet, Isabelle, Normand, Sophie Erlich, Alliance Française, Référentiel de programmes pour l'Alliance Française élaboré à partir du cadre européen commun, A1-A2-B1-B2-C1-C2, CLE International, 2008.
- Martine Boyer-Dalat, Romain Chrétien, Nicolas Frappe, Le DELF 100% réussite A1, Les Éditions Didier (2022)
- Dorothée Dupleix, Chatherine Houssa, Marie Rabin, Le DELF 100% réussite A2, Les Éditions Didier (2021)
- David Clément-Rodríguez, ABC DELF – Niveau A1, CLE International, 2019.
- David Clément-Rodriguez, Amélie Lombardini, ABC DELF – Niveau A2, CLE International, 2018.
- Sue Purcell, Talk, French Grammar, BBC Active, 2014.
- 富盛伸夫『フランス語能力検定試験（DELF/DALF, TCF, DAPF）と日本におけるフランス語教育』，科学研究費補助金 基盤研究 B 研究プロジェクト報告書「EU および日本の高等教育における外国語教育政策と言語能力評価システムの総合的研究」，2012 年

著者略歴

小幡谷 友二（おばたや ゆうじ）

ジュネーヴ大学専任講師．学生時代に DELF/DALF 全レベルと仏検 1 級を取得．
早稲田大学第二文学部卒業，中央大学大学院博士後期課程単位取得満期退学，トゥールーズ・ル・ミラーユ大学で博士号取得．日本フランス語教育学会会員．

著書として『フランス語単語の力が本当につけられるのはこれだ！［基礎養成編］［応用編］』（駿河台出版社），訳書としてムスタファ・シェリフ『イスラームと西洋』（駿河台出版社），レオン・ポリアコフ『反ユダヤ主義の歴史・第四巻・第五巻』（筑摩書房）など．

DELF 傾向と対策　A2

［音声無料ダウンロード］

2023 年 7 月 12 日　初版 1 刷発行

著者	小幡谷　友二
ナレーション	Macha Spoehrie
	Pauline Décaillet
	Julien RICHARD- 木口
DTP	ユーピー工芸
印刷・製本	株式会社 丸井工文社
音声制作	株式会社 中録新社
発行	株式会社 駿河台出版社
	〒 101-0062 東京都千代田区神田駿河台 3-7
	TEL 03-3291-1676 / FAX 03-3291-1675
	http://www.e-surugadai.com
発行人	井田　洋二

ISBN　978-4-411-00565-6　C1085